es 1055
edition suhrkamp
Neue Folge Band 55

»Neben Konfuzius ist Lao-tzu wahrscheinlich die berühmteste Gestalt des chinesischen Altertums und eine, deren Name dem westlichen Publikum wohl bekannt ist. Das Buch, das seinen Namen trägt, wird auch *Tao-tê-ching* genannt. Es ist das mit Abstand meistübersetzte Werk der fernöstlichen Literatur. Und wenn auch solche Übersetzungen gar häufig nur die mehr oder minder erfindungsreichen Auslegungen eines schwierigen Textes sind, so haben sie doch der Popularität des Lao-tzu keinen Abbruch getan. Denn was weiß man wirklich über diesen Philosophen? Wenig genug!« In dem vorliegenden Band bietet Max Kaltenmark nicht nur eine Darstellung dessen, was wir über die Person Laotzu wissen, sondern auch und vor allem eine umfassende und detaillierte Interpretation des *Tao-tê-ching*. Einen zweiten Schwerpunkt der Ausführungen bildet das umfangreichste und bedeutendste Werk des Taoismus, das Buch *Chuang-tzu*. Ein dritter Komplex der Darstellung Kaltenmarks ist der magisch-religiöse Taoismus, wie er sich im 2. Jahrhundert unsrer Zeitrechnung entwickelt hat.

Max Kaltenmark, geboren 1910 in Wien, ist ein Schüler führender Sinologen unseres Jahrhunderts: Paul Pelliot, Henri Maspero, Marcel Granet. Von 1961 bis zu seiner Emeritierung im Jahre 1980 war er Directeur an der Ecole Pratique des Hautes Etudes (5. Sektion: Religionswissenschaften). Er verfaßte zahlreiche Publikationen über chinesische Philosophie, Religion und Literatur.

Max Kaltenmark
Lao-tzu und der Taoismus

*Aus dem Französischen
von Manfred Porkert*

Suhrkamp

Titel der Originalausgabe: *Lao Tseu et le taoïsme*

edition suhrkamp 1055
Neue Folge Band 55
Erste Auflage 1981
© Editions du Seuil 1965
© Suhrkamp Verlag Frankfurt am Main 1981
Alle Rechte vorbehalten, insbesondere das
des öffentlichen Vortrags
und der Übertragung durch Rundfunk und
Fernsehen, auch einzelner Teile.
Satz: Hümmer, Waldbüttelbrunn
Druck: Nomos Verlagsgesellschaft, Baden-Baden
Umschlagentwurf: Willy Fleckhaus
Printed in Germany.

2 3 4 5 6 7 – 91 90 89 88 87 86

Inhalt

Lao-tzu und der Taoismus

像稷后稟

Das philosophische Denken in China setzte ein und entfaltete sich in einer Zeit langer kriegerischer Auseinandersetzungen, während der tiefgreifende Veränderungen im politischen und sozialen Gefüge des Landes vor sich gingen. Noch im 5. Jahrhundert vor Chr. zerfiel China in eine sehr große Zahl von Kleinstaaten, die von Lehnsfürsten regiert wurden. Erst 221 vor Chr. obsiegte das Haus von Ch'in über alle Rivalen, und sein Fürst wurde der erste Kaiser eines vereinten Chinas unter dem Titel Ch'in Shih-huang-ti. Die erwähnte Spanne von drei Jahrhunderten (5. bis 3. Jahrhundert) wird von den Historikern als die Zeit der »Kämpfenden Reiche« bezeichnet; man hätte sie ebensogut die Zeit der Philosophen nennen können, denn niemals sonst wurde das spekulative Denken so intensiv und in so großer Freiheit gepflegt wie in jenen unruhigen Zeiten. Damals geschah es, daß die Philosophie sich allmählich von der überkommenen Religion und Moral löste. Auch entstand eine Metaphysik, die später nur noch in geringem Maße – unter dem Einfluß des Buddhismus – verändert werden sollte.
Zu Beginn des 5. Jahrhunderts hatte K'ung Ch'iu *(Konfuzius)* in dem kleinen Fürstentum Lu, in der heutigen Provinz Shantung gelegen, die erste Weisheitsschule begründet. Dies war ein Ereignis von großer Tragweite, denn die in seiner Schule weiterentwickelte Lehre des

Philosophen sollte einen tiefgreifenden Einfluß auf den Geist der Chinesen ausüben und mehr als zwei Jahrtausende hindurch die praktisch unwandelbaren Grundlagen der Ethik und der Politik abgeben.

Das Leben des Konfuzius (551–479) fällt in das Ende jener Zeit, die jener der »Kämpfenden Reiche« unmittelbar voranging. Damals zeigte das Gefüge der Gesellschaft bereits die ersten Zeichen des Verfalls. Die überkommene Ordnung und die Ideale, auf denen diese gründete, waren bedroht. Konfuzius stellte sich die Aufgabe, diese von den Alten überkommene Ordnung und diese Ideale zu retten. Dabei ging er von einer utopischen Geschichts- und Gesellschaftsvorstellung aus. Die Ordnung, die ihm vorschwebte, war die einer lehensrechtlichen Gesellschaft, in welcher durch Regeln des Brauchtums und der Kulte ein ziemlich stabiles Gleichgewicht zwischen den einzelnen Staaten aufrechterhalten wurde. Im übrigen darf man hier den Begriff des Lehnsrechts nicht einfach als den eines Systems juristischer oder wirtschaftlicher Beziehungen verstehen, sondern als den einer Struktur, die für die Gesellschaft auf allen Ebenen maßgebend war – sowohl in geistiger als auch in materieller Hinsicht. Ja mehr noch, die Vorstellungen der alten Chinesen von Natur und Kosmos waren weitgehend einfach die Übertragung ihrer sozialen Werte: Die Welt war für sie ein hierarchisch gegliedertes Gebilde nach dem Vorbild der menschlichen Gesellschaft. Und natürlich mußte sich letztere – so stellten sie sich dies vor – der himmlischen Ordnung anpassen; denn nachdem diese beiden Ordnungen ein durch magisch-religiöse Entsprechungen und Verquickungen verwobenes einheitliches Ganzes bildeten, hatten auch die Verhaltensweisen der Menschen Rückwirkungen auf die Natur, und jede Un-

吳道子筆

ordnung der Gesellschaft konnte die Ordnung der Welt in Frage stellen. Man kann sich vorstellen, in welche Bedrängnis diese »Intellektuellen«, die sich als die Träger einer antiken Überlieferung verstanden, gerieten, als jene Überlieferung erste Erschütterungen erfuhr und noch niemand sich andere Beziehungen zwischen den Menschen vorstellen konnte als jene, von denen man glaubte, daß sie vom Anbeginn der menschlichen Kultur an bestanden hatten. Diese Kultur bildete ein harmonisches Gefüge aus vollkommenen und unwandelbaren Institutionen; sie war das Werk jener, die man die Heiligen Könige des Altertums nannte, d.h. der großen Dynastiegründer – und hier vor allem der Begründer der herrschenden Chou-Dynastie.

Es sei hier daran erinnert, daß die Chou-Dynastie im 11. Jahrhundert die Shang- (auch Yin-Dynastie genannt) abgelöst hatte. Die Hauptstadt letzterer lag unweit des heutigen Ortes Anyang im nördlichen Honan. Ausgrabungen, die dort, wo diese Hauptstadt bis zum Jahr 1111 vor Chr. stand, durchgeführt worden sind, haben die Fundamente von Gebäuden, Gräber und zahlreiche Einzelgegenstände zu Tage gefördert, zu welchen auch die ältesten schriftlichen Dokumente gehören, die wir bisher aus China besitzen.

Dennoch bleibt unser Wissen über die Geschichte der Shang wie auch über die der ersten Chou-Könige sehr unvollkommen. Der Herrschaftsbereich letzterer scheint niemals sehr ausgedehnt gewesen zu sein; jedenfalls war ab dem 8. Jahrhundert auch ihre Macht eine sehr beschränkte. Nichtsdestotrotz genoß der König, der den Titel »Himmelssohn« trug, auch dann noch religiöses Prestige, und man respektierte seine altüberlieferte Rolle als Oberherr und Schiedsrichter der Gebietsfürsten.

Doch allmählich – und im Maße, in dem der Ehrgeiz der großen Lehensfürsten wuchs – büßten die alten Regeln ihre Geltung ein. Im Kontakt mit der Welt der Barbaren mußten die an der Peripherie gelegenen chinesischen Staaten eine Ordnung nach ganz neuen Gesichtspunkten errichten, ihre Verwaltung, ihren Ackerbau und ihre Heere reformieren. Die Zunahme der Bevölkerung, die Erfindung des Eisens und die des Pfluges trugen ein übriges zum Umsturz der bestehenden Ordnung bei. Deshalb bemühte sich Konfuzius, die überlieferte Kultur zu retten, indem er für sie tiefer begründete moralische Grundlagen schuf. Wenngleich er, auf den ersten Blick betrachtet, in dieser Bemühung scheinbar scheiterte, so verbreitete doch eine große Zahl seiner Schüler seine Lehre so wirksam im ganzen Land, daß sich der Konfuzianismus allmählich als wahrer Träger der Kultur durchsetzen konnte. Von diesen Schülern hielten sich leider nicht alle an das Gedankengut des Meisters. Während Konfuzius eine Ethik gepredigt hatte, die auf der Vervollkommnung der Individuums, auf einer gründlichen Bildung beruhte – welch letztere seiner Meinung nach die erste Voraussetzung einer guten Regierung darstellte –, wichen nicht wenige seiner Nachfolger von diesen Grundgedanken ab und forderten die äußerliche Erfüllung ritueller Formen. So gehörten dann zu den wichtigsten Pflichten des Edlen in der konfuzianischen Gesellschaft, außer dem Studium der Klassischen Bücher *(ching)*, die Beobachtung der Riten und die Achtung der hierarchischen Ordnung.

Wenngleich Konfuzius und seine Schule der Zeit ihres Wirkens nach am Anfang stehen, so fanden sich doch bald Nachahmer, die rasch so zahlreich waren, daß man sie chinesisch die »Hundert Schulen« nennt. Da war z.B.

die von Mo-ti in der 2. Hälfte des 5. Jahrhunderts ge-
gründete. Mo-ti befehdete die Konfuzianer heftig, ver-
dammte die Riten und die Musik (welch letztere Konfuzius so hoch schätzte), predigte grenzenlose Liebe,
heroische Tugenden und Gerechtigkeit. Doch leider
wird seine Lehre durch einen primitiven Utilitarismus
und eine eher kleinlich pedantische als geistreich zu nen-
nende Askese entstellt. Da gab es auch die für die Zeit-
strömungen so typische Schule der Legalisten. Ihre Vertreter waren Realisten und entschlossene Neuerer, die
sich bemühten, die Wirksamkeit der Regierung durch die
Verkündigung von ohne Unterschied auf alle Menschen
anzuwendenden Strafgesetzen einerseits und die ratio-
nelle, aber auch brutale Organisation der Kriegsmacht

und der Staatsfinanzen andererseits zu gewährleisten. Es gab aber auch Sophisten, Staatslehrer, Spezialisten der Diplomatie und der Strategie. Und vor allem gab es jene, die man Taoisten nennt und deren Ahn- und Schirmherr Lao-tzu gewesen sein soll.

Diese Fülle der Philosophenschulen sollte die politische Einigung Chinas nicht überleben. Von der Han-Zeit an zeigten nur noch der Konfuzianismus und der Taoismus Vitalität. Der erste wurde zur offiziellen Lehre der Monarchie, nachdem er sich aus anderen philosophischen Strömungen, vor allem aus dem Legalismus entlehnte Elemente einverleibt hatte. Während so der Konfuzianismus der offiziellen Moral und dem öffentlichen Leben seinen Stempel aufdrückte, blieb zur gleichen Zeit der Einfluß des Taoismus im geistigen Leben des Individuums lebendig, wenn nicht gar vorherrschend.

Lao-tzu

Neben Konfuzius ist Lao-tzu wahrscheinlich die berühmteste Gestalt des chinesischen Altertums und eine, deren Name dem westlichen Publikum wohl bekannt ist. Das Buch, das seinen Namen trägt, wird auch *Tao-tê-ching* genannt. Es ist das mit Abstand meistübersetzte Werk der fernöstlichen Literatur. Und wenn auch solche Übersetzungen gar häufig nur die mehr oder minder erfindungsreichen Auslegungen eines schwierigen Textes darstellen, so haben sie doch der Popularität des Lao-tzu keinen Abbruch getan. Denn was weiß man wirklich über diesen Philosophen? Wenig genug! So wenig, daß die Fachleute – seien es nun Chinesen, Japaner oder Gelehrte aus dem Westen – bereits über die Frage seiner historischen Existenz zerstritten sind: Die einen vertreten die Ansicht, daß er nur eine legendäre Gestalt sei; andere räumen zwar seine Existenz ein, vertreten aber sehr unterschiedliche Ansichten hinsichtlich seiner Lebenszeit und hinsichtlich bestimmter Ereignisse seines Lebens. Tatsächlich sollte man diese Meinungsverschiedenheiten nicht überbewerten. Wichtiger sind jene, die das *Tao-tê-ching* betreffen. Wir können hier diesen Fragen nicht in allen Einzelheiten nachgehen, wollen aber doch die wichtigsten sowohl in bezug auf den Verfasser als auch auf das Buch erörtern.

Der Lao Tan der Historie

Um das Jahr 100 vor Chr. verfaßte Szu-ma Ch'ien die erste Geschichte Chinas, das *Shih-chi,* die »Aufzeichnungen der Historiker«. In diesem bedeutenden Werk, das eine unserer wichtigsten Informationsquellen über das alte China darstellt, gibt es auch eine Biographie des Lao-tzu. Leider ist alles, was wir daraus als sichere Erkenntnis entnehmen können, allein der Umstand, daß Szu-ma Ch'ien selbst damals nur noch ungewisse und widersprüchliche Nachrichten über diese Gestalt besaß. So vertuscht jener Historiker seine eigene Ratlosigkeit nicht und liefert uns mit dem Sammelsurium der von ihm zusammengetragenen Meinungen das Bekenntnis, daß letztendlich niemand etwas Sicheres über Lao-tzu zu berichten wußte.

Bereits die Personalien, die Szu-ma Ch'ien zu Beginn der Lao-tzu-Biographie aufzählt, müssen mit Vorsicht aufgenommen werden:

> Lao-tzu war ein Mann aus dem Dorf Hu-hsien im Distrikt Lai der Präfektur Hu im Lande Ch'u. Sein Familienname war Li, sein Vorname Erh, sein Großjährigkeitsname Tan.

Der von Szu-ma Ch'ien angegebene Geburtsort entspricht der heutigen Stadt Lu-i (»Hirsch-Stadt«) in der Provinz Honan, etwa 40 *li* von Po-chou entfernt, welch letzterer Ort bereits in der Provinz Anhui liegt. Schon in der Han-Zeit gab es dort ein Heiligtum, das heute als *T'ai-ch'ing-kung* »Palast der Großen Reinheit« sich dort erhebt, wo der Überlieferung nach der Philosoph geboren wurde. In ihm befindet sich eine große, 4 Meter hohe

Statue des Lao-tzu.[1] Unweit dieses Tempels, so wird berichtet, liegen das Grab des Lao-tzu und das seiner Mutter. Eine solche Überlieferung mag überraschen, wenn
man weiß, daß beide für die Taoisten außergewöhnliche
Wesen waren, die ja nicht als gewöhnliche Sterbliche da-
hingeschieden sein konnten. Im übrigen gibt es gar keine
Quelle, die berichtet, daß Lao-tzu gestorben und an seinem Geburtsort begraben worden sei. Diese beiden
Gräber – wenn es sie überhaupt gibt – sind offensichtlich
nicht echt. Hinzu kommt, daß in der Folge des historischen Textes berichtet wird, daß Lao-tzu im Westen, im
Lande Ch'in, verschwunden sei, ja daß behauptet wurde,
daß er dort gestorben sei. Aufgrund lokaler Überlieferungen liegt sein Grab in Huai-li (»Sophora-Dorf«) in
der Provinz Shensi, westlich von Sian (Hsi-an-fu).
Auch die Namen des Lao-tzu geben nahezu unlösbare
Probleme auf. Aufgrund des zitierten Passus des *Shih-chi*

sei der wirkliche Name des Lao-tzu Li Erh (= Familienname + Vorname) gewesen, oder auch Li Tan (= Familienname + Großjährigkeitsname). Nun wird aber dieser
Philosoph in früheren Texten niemals anders als Lao-tzu
(= Meister Lao) oder Lao Tan genannt. Wenn Szu-ma
Ch'ien ihm den Familiennamen Li zuschreibt, so geschieht dies wahrscheinlich aufgrund eines der Biographie angehängten Stammbaums einer Familie Li aus
Shantung, die ihren Ursprung auf Lao-tzu zurückführte
– eine Behauptung, der man nicht ohne weiteres historischen Wert beimessen darf. Dennoch verband sich von da
ab der Familienname Li mit Lao-tzu, so daß ihn später die
Kaiser der T'ang-Dynastie (618–907), die den Familiennamen Li trugen, als ihren Ahnherrn betrachteten.
Wie aber lautete sein wirklicher Familienname? Wir wissen es nicht. Lao konnte es schwerlich gewesen sein,
denn dieses Wort, das »alt«, »ehrwürdig« bedeutet, ist
eine Art Beiname, den man anscheinend sehr oft mehr
oder weniger legendären alten Weisen verliehen hat.
Hohes Alter galt als Zeichen großer Lebenskraft und
Weisheit. Und Lao-tzu ist, so könnte man sagen, seinem
Wesen nach ein Greis: Szu-ma Ch'ien überliefert Meinungen, nach denen er ein Alter von 160, ja selbst von 200
Jahren erreicht haben soll. Gleichermaßen stehen seine
beiden anderen Namen, nämlich Erh (»Ohr«) und Tan
(»Langohr«) in Zusammenhang mit der Vorstellung von
Langlebigkeit und Weisheit: alte Weise wurden oft mit
langen Ohren dargestellt.
Was die Laufbahn des Lao-tzu angeht, so beschränken
sich die Angaben des Historikers auf drei Einzelheiten,
die sehr bedeutsam wären, wenn man sie für echt halten
könnte, nämlich: 1. Lao Tan war Archivar am Hof des
Chou-Königs; 2. er empfing einen Besuch des Konfu-

zius; 3. er zog sich schließlich nach dem Westen zurück und diktierte sein berühmtes Buch, ehe er spurlos verschwand.

Die Begegnung Lao-tzus mit Konfuzius ist außerordentlich bekannt. Sie könnte einen Hinweis auf die genaue Zeit, zu der Lao-tzu gelebt haben müßte, geben. In der Biographie lautet der entsprechende Abschnitt:

Als Konfuzius nach Chou ging, erkundigte er sich bei Lao-tzu nach den Riten. Jener antwortete: »Die Knochen jener, von denen du sprichst, sind längst zu Staub zerfallen; nur ihre Worte sind uns erhalten. Im übrigen, ist die Zeit dem Edlen günstig, dann begibt er sich im Wagen an den Hof. Ist sie ihm ungünstig, so streift er unscheinbar gekleidet umher. Ich habe gehört, daß ein guter Kaufmann seine Reichtümer verbirgt, als ob er mittellos wäre. Besitzt der Edle innere Tugend in Fülle, so wirkt er äußerlich wie ein Tor. Lege ab deine hochfahrende Miene, deine Begierden, deine Eitelkeit und deinen Eifer, alles Dinge, die dir zu nichts frommen! Das ist alles, was ich dir zu sagen habe.« Konfuzius zog sich zurück und sagte zu seinen Schülern: »Vom Vogel weiß ich, daß er fliegen kann, vom Fisch, daß er schwimmen kann, von den Vierfüßern, daß sie laufen können. Die Tiere, die laufen, kann man mit dem Netz, die Tiere, die schwimmen, in der Reuse fangen; die Tiere, die fliegen, sind mit dem Pfeil zu treffen. Allein der Drache läßt sich mit Gedanken nicht fassen. Er schwingt sich auf dem Wind und den Wolken gen Himmel. Heute habe ich Lao-tzu gesehen. Er ist wie ein Drache!«

Diese Begegnung wird auch noch in einem anderen Kapitel des *Shih-chi* berichtet, wo allerdings die von Lao-tzu gesprochenen Worte nicht die gleichen sind:

Als er sich verabschiedete, begleitete Lao-tzu ihn und sagte: »Ich habe gehört, daß der Reiche und Mächtige die Menschen mit reichen Geschenken verabschiedet und daß der Gute die Menschen mit Worten verabschiedet. Ich kann mich nicht des Reichtums und der Macht rühmen, aber ich schreibe mir für einen Augenblick den Titel eines guten Menschen zu. Also verabschiede ich Euch mit Worten, und zwar: Der Geistreiche und der Gründliche ist dem Tode nahe, denn er kritisiert die Menschen treffend. Der gelehrte Geist, der gründliche Denker setzt sich der Gefahr aus, denn er offenbart die Fehler der Menschen. Wer als Sohn spricht, kann keine Zurückhaltung üben; wer als Untergebener spricht, kann keine Zurückhaltung mehr üben.«

Wie der französische Übersetzer des *Shih-chi*, Edouard

Chavannes, hier anmerkt, werde in diesen Worten eine Verurteilung der Intelligenz, der kindlichen Pietät und der Loyalität ausgedrückt, also jener für die Lehre des Konfuzius unabdingbaren Prinzipien.

Die genannte Episode war in der Han-Zeit so verbreitet, daß man sie auch auf verschiedenen Grabsteinen aus Shantung (aus dem 2. Jahrhundert vor Chr.) dargestellt findet. Häufig wird sie sowohl in den konfuzianischen als auch in den taoistischen Texten erzählt; leider herrscht in diesen Texten aber weder über den Ort noch über den genauen Zeitpunkt, noch über die Anzahl der Begegnungen, noch selbst über die Worte, die Lao-tzu bei dieser Gelegenheit gesprochen haben soll, Übereinstimmung. Deshalb wird man die Begegnung der beiden großen Philosophen schwerlich mit historischer Gewißheit behaupten können.

Lao-tzu residierte also eine Zeitlang am Hofe der Chou. Als er jedoch den Niedergang jenes Hauses wahrnahm, verließ er den Hof. Er wandte sich gegen Westen in das Land Ch'in. Um dorthin zu gelangen, mußte er den Hsien-ku-Paß überschreiten. Dabei geschah es, daß er auf Verlangen des Paßwächters Yin Hsi oder auch Kuan Yin »ein Werk in zwei Teilen verfaßte, in dem er seine Gedanken über das Tao und das Tê darlegte, und welches mehr als 5000 Worte umfaßte. Darauf setzte er seine Reise fort, und niemand weiß, was aus ihm geworden ist.« Der Paßwächter *(kuan-ling)* Yin Hsi wurde so zu einer bedeutsamen Figur des Taoismus. Man hat ihm sogar ein eigenes Werk, den *Kuan-yin-tzu* zugeschrieben. Dennoch ist er wahrscheinlich nur eine legendäre Gestalt.

Im weiteren Verlauf seines Textes erwähnt Szu-ma

Ch'ien zwei Personen, die von manchen Gelehrten mit Lao-tzu gleichgesetzt werden: Lao-lai-tzu, einen Zeitgenossen des Konfuzius, und den Großarchivar Astrologus Tan, der sehr viel später lebte und 376 vor Chr. eine dunkle Rede über die Zukunft der Chou und ihre Ablösung durch die Ch'in verfaßte. Schließlich formuliert der Historiker:

Niemand auf der Welt vermöchte zu sagen, ob all dies wahr ist oder nicht, denn Lao-tzu war ein verborgener Weiser.

Szu-ma Ch'ien bemäntelt also keineswegs die Ungewißheit, in der ihn die ihm verfügbaren Quellen ließen. Alle Daten, die er zu der in Frage stehenden Person sammeln konnte, sind so unbestimmt und so widersprüchlich, daß sich aus ihnen keine Gewißheit gewinnen läßt. Seine Erklärung für diesen Mangel an gesicherten Informationen: Lao-tzu war ein verborgener Weiser. Seine Lehre faßt er folgendermaßen zusammen:

Lao-tzu pflegte das *tao* und das *tê*. Nach seiner Lehre muß man danach trachten, namenlos im Verborgenen zu leben.

Eine solche Qualifikation legt den Schluß nahe, daß der Held, nachdem er sein Amt am Hof des Königs aufgegeben hatte, im Verborgenen lebte. Während der gesamten chinesischen Geschichte findet man Menschen, die, obwohl sie zur Klasse der Intellektuellen gehörten, es vorzogen, abseits des öffentlichen Lebens zu wirken und den Trubel und die Ehren der Welt zu fliehen, welch letztere sie gern als Sündenpfuhl bezeichneten.

Konfuzius hatte Gelegenheit, einige solche Personen zu treffen, die ihn mit Belehrungen nach Art der Taoisten bedachten. Einer von diesen war der soeben erwähnte und oft mit Lao Tan gleichgesetzte Lao-lai-tzu, der nach

Chuang-tzu dem Konfuzius mit harten Worten die Enge seines geistigen Horizonts und seinen Stolz vorhielt. Dies waren Fehler, die bei bestimmten Lehrern der Moral häufig auftraten und die die Taoisten gern dem Konfuzius selbst zuschrieben.

Ein anderer »verborgener Weiser«, mit dem Beinamen »der Narr von Ch'u«, sang, als er an der Türe des Konfuzius vorbeiging: »Phönix, Phönix! Wie verkommen ist doch deine Tugend! Deine Vergangenheit vermag ich nicht zu ändern. Aber in der Zukunft bleibt noch Zeit, dich zu retten. Laß ab, laß ab! Heute sind die Menschen, die sich an der Regierung beteiligen, in Gefahr!«

Diese Personen führten oft ein ländliches Leben nach Art der Bauern oder – in dem an Wasserläufen und Seen reichen Land Ch'u – nach Art der einfachen Fischer. Andere wiederum, grundsätzlicher in ihren Forderungen, zogen es vor, sich in wilde Gebirge zurückzuziehen, um sich so der Kultur und dem Einfluß der Fürsten zu entziehen. Daß es solche Reinen vor allem von der zweiten Art gab, bedeutete eine ernste Herausforderung für den Fürsten, zugleich eine fortwährende Verurteilung seines Regierungsstils. Dennoch hatte er keine Macht über sie, denn in ihrer ihm überlegenen Heiligkeit waren sie unantastbar. Das einzige Mittel, um sich eines dieser störenden Weisen zu entledigen, war, an ihn den Thron abzutreten, in der Hoffnung, daß er angesichts einer solchen Beleidigung sich mit einem Stein in den Armen in ein Gewässer stürzen würde – so wie es Chuang-tzu von einigen dieser Gattung berichtet.

In der Geschichte des Taoismus haben solche in der Zurückgezogenheit lebenden Weisen eine wichtige Rolle gespielt. Die Mehrzahl der taoistischen Denker des Altertums lebte im Verborgenen und weigerte sich, am öffentlichen Leben Anteil zu nehmen. Dies gilt für Chuang-tzu, den Verfasser des Buchs *Chuang-tzu*, für Lieh Yü-ch'iu, den vermutlichen Autor des *Lieh-tzu*, und wohl noch für viele andere, deren Namen wir nicht kennen. Nicht ganz zu Unrecht ordnet also Szu-ma Ch'ien Lao Tan in die gleiche Kategorie von Menschen ein.

Andererseits darf man aber nicht glauben, daß alle Einsiedler Taoisten waren. Ja, nicht wenige von ihnen wer-

den von letzteren heftig wegen ihres Fanatismus und pu-
ritanischen Eifers kritisiert, durch welchen sie sich eher
als verbissene Konfuzianer denn als Schüler des Lao-tzu
zu erkennen geben. Denn die letztgenannten hatten sich
aus Prinzip, nicht aus Trotz in die Verborgenheit zu-
rückgezogen. Was überdies Weise wie Lao Tan oder
auch Chuang-tzu und andere Einsiedler auszeichnet, ist,
daß sie eine Gefolgschaft von Schülern hatten, bestehend
aus einer kleinen Anhängerschaft, in der lange Zeit hindurch eine im wesentlichen mündliche Überlieferung
vom Meister an die Schüler weitergegeben wurde, die
mitunter einige Aufzeichnungen machten. Auf diese
Weise ist die Mehrzahl der Bücher im Alten China entstanden. Erst sehr viel später, so scheint es, haben die
Meister selbst Werke verfaßt. Wie verhielt es sich also
mit dem *Tao-tê-ching?* Diese Frage ist von überragender
Bedeutung, nachdem der Mensch Lao-tzu für uns weiterhin in undurchdringliches Dunkel gehüllt bleibt.

Das Tao-tê-ching

Das dem Lao-tzu zugeschriebene Buch trug den Titel
Lao-tzu – im Einklang mit einer Gepflogenheit, die für
nahezu alle alten Philosophen galt. So nennt man das
Werk des Meng K'o den *Meng-tzu* (»Menzius«), das des
Hsün Ch'ing den *Hsün-tzu*, das des Chuang Chou den
Chuang-tzu. Der Titel *Tao-tê-ching* (»Heiliges Buch
vom *tao* und vom *tê*«) wurde ihm in der Han-Zeit verliehen. Dadurch gelangte das Werk auf die gleiche Stufe wie
die konfuzianischen Klassiker, welch letztere seit langem
als *ching* bekannt waren. Das Zeichen *ching,* das die
Grundbedeutung »Kette eines Gewebes« hat, hat hier

die Bedeutung »Leitregel«. Die *ching* enthalten eine Lehre von überragender Bedeutung; es sind heilige Texte, durch Heilige oder durch Götter offenbart. Später werden die Buddhisten diesen Ausdruck zur Wiedergabe des Wortes »Sutrâ« verwenden.

Oft wird das *Tao-tê-ching* auch als der »Text der 5000 Zeichen« bezeichnet. Tatsächlich ist der heutige Text des Werks etwas länger und zeigt Abweichungen je nach überlieferter Fassung. Er wird in 81 kurze Kapitel gegliedert und zerfällt in zwei Teile, deren erster bis zum Kapitel 37 reicht. Während die Zweiteilung des Textes in einen »oberen« und einen »unteren« alt ist, gibt es verschiedene Varianten bei der Kapiteleinteilung. Ihre Zahl von 81 hängt mit der mystischen Bedeutung der 9 und der 3 zusammen. Mitunter wird der »Obere Teil« als *tao-ching* (»Buch vom Tao«), der »Untere Teil« als *tê-ching* (»Buch vom Tê«) bezeichnet, wenngleich in der heutigen Fassung eine solche Unterscheidung nur durch den Umstand gerechtfertigt ist, daß das 1. Kapitel vom Tao und das 38. vom Tê handelt.

Wenn Lao Tan, der Zeitgenosse des Konfuzius, wie dies die Überlieferung behauptet, der Verfasser des Werks war, müßte dieses auf das 6. Jahrhundert vor Chr. zurückgehen. Die Mehrzahl der Gelehrten ist jedoch der Meinung, daß das Buch *Lao-tzu* nicht in so früher Zeit entstanden sein kann. Keine Einhelligkeit besteht jedoch hinsichtlich des tatsächlichen Alters des Werks. Die westlichen Gelehrten neigen im allgemeinen dazu, seine Entstehung im 4. oder zu Beginn des 3. Jahrhunderts anzusetzen – aufgrund ziemlich unbestimmter Argumente. Neuere chinesische und japanische Arbeiten – welch letztere die Textanalyse sehr gründlich vorangetrieben haben – beweisen mit Sicherheit 1. daß der Text, den wir

信言不美美言不信知者不博博者不知善
者不辯辯者不善聖人無積既以為人己愈
有既以與人己愈多天之道利而不害聖人
之道為而不爭　五十七字

道經卅七章二千一百八十四字

德經卌四章二千八百一十五字

五千文上下二品合八十一章四千九百九十九字

太極左仙公序係師定河上真人章句

heute vor uns haben, nicht Lao Tan, den Zeitgenossen des Konfuzius, zum Verfasser haben kann; 2. daß ein der heutigen Textfassung sehr ähnlicher Text am Ende der Zeit der »Kämpfenden Reiche« vorhanden war; endlich 3. daß zahlreiche Aphorismen, die im *Tao-tê-ching* vorkommen, schon sehr lange in den Philosophenkreisen in Umlauf waren – ohne dabei jedoch stets dem Lao Tan zugeschrieben worden zu sein.

Darüber hinaus stellt man fest, daß der Text weder in stilistischer noch in inhaltlicher Hinsicht ein einheitliches Ganzes bildet. So gibt es Teile in gebundener und Teile in freier Sprache; und unter den Passus in gebundener Sprache lassen sich sogar verschiedene Rhythmen unterscheiden. Eine Untersuchung der Reime ermöglicht es, Unregelmäßigkeiten festzustellen, die nur durch den Umstand erklärt werden können, daß Teile des Textes an verschiedenen Orten zu verschiedenen Zeiten verfaßt worden sind. Was den Inhalt angeht, so spiegeln zahlreiche Abschnitte weniger das Gedankengut eines Lao Tan – so wie man sich dieses im Altertum vorstellte und wie es im übrigen auch in diesem Werk überwiegt – wider, sondern vielmehr das anderer Bewegungen (der Legalisten, Staatsrechtler, Meister der Kriegskunst). Die Anwesenheit von solchem Gedankengut geht jedoch nicht auf ungeschickte Interpolationen zurück, sondern muß wohl aus der Art, in der das Buch *Lao-tzu* entstanden ist, begriffen werden.

Man darf sich nämlich die Philosophenschulen des Alten China nicht als sehr exklusive Sekten vorstellen. Selbst die beiden Schulen, die sich am deutlichsten von den anderen abheben, nämlich die der Konfuzianer und die des Mo Ti, bilden keineswegs abgeschlossene Gruppen. Vor allem aber gab es vor der Han-Zeit überhaupt keine im eigentlichen Sinn taoistische Schule. Erst die Historiker und die Bibliographen der Han-Zeit, welche die Denker des Altertums nach Schulen zusammenfaßten, haben dabei eine »Schule« *(chia)* des Tao (: *tao-chia*) geschaffen. Zur Zeit der Philosophen waren diese Taoisten nicht die Mitglieder scharf umrissener Bewegungen. Dies ist der Grund, weshalb man manchmal unschlüssig ist, wenn es gilt, sie einzuordnen. So läßt sich verstehen, daß verschiedene geistige Strömungen sich auf gleiche Quellen und gleiche Autoritäten berufen konnten; auch, daß die Philosophen gern die Aussprüche zitierten, welche man »alten Weisen« wie etwa dem Lao Tan, dem »Ehrwürdigen mit den langen Ohren«, oder auch dem Gelben Herrscher *(Huang-ti)* zuschrieb. Auch der Letztgenannte, eine durchaus mythische Gestalt, wurde von den Taoisten gleichfalls als einer ihrer Ahnherrn betrachtet. Man schrieb ihm zahlreiche Werke zu, und in der Han-Zeit nannte man den Taoismus deshalb »Lehre des Huang(-ti) und des Lao(-tzu)«. Auch heute sind noch alte Zitate aus den Schriften des Huang-ti erhalten. Manche ähneln ihrem Stil nach dem des *Tao-tê-ching;* in einem Fall decken sich beide Texte (Kapitel 6).

So erscheint das Buch *Lao-tzu* letztendlich als eine Sammlung von Aussprüchen, von denen die einen im Volke kursierende Weisheitssprüche, andere hingegen das Gedankengut verschiedener proto-taoistischer Schulen wiedergeben. Diese Sammlung ist allmählich entstanden, und erst im 3. Jahrhundert vor Chr. hat sie ihre annähernd endgültige Form erhalten. Zuvor muß es von ihr untereinander sehr verschiedene Fassungen gegeben haben, woraus sich die außerordentlich zahlreichen Varianten erklären, denen man sowohl in den verschiedenen Fassungen des heutigen Textes als auch in den Zitaten der alten Texte begegnet. Endlich ist es denkbar, daß seit dem 6. Jahrhundert vor Chr. ein Bestand gereimter Aphorismen der mündlichen Lehre in kleinen taoistischen »Gruppen« verwendet wurde. Diese Gruppen unterschieden sich von anderen Philosophenschulen hinsichtlich ihres quietistischen und mystischen Ideals. In ihnen bildete sich erstmals philosophisches Denken aus. So kommt es, daß überraschenderweise der Taoismus auch auf den Legalismus Einfluß ausübte – welch letzterer seiner Gesinnung nach im direkten Gegensatz zum Quietismus steht. Der Grund war, daß er allein eine Ontologie bereithielt, derer die Theorie der Gesetze bedurfte.

Es ist sicher, daß das *Tao-tê-ching* nicht von Lao Tan im 6. Jahrhundert vor Chr. verfaßt worden sein kann. Ebensowenig gibt es begründete Argumente dafür, das Buch dem Großastrologen Tan im 4. Jahrhundert vor Chr. zuzuschreiben. Wir müssen also bescheiden feststellen, daß wir nicht wissen, durch wen, wo und wann das auf uns gekommene Werk verfaßt worden ist, und einräumen, daß die Sammlung zum großen Teil Stückwerk ist. Andererseits ist es ebenso offenkundig, daß sie eine differenzierte und im ganzen zusammenhängende philosophische Reflexion wiedergibt. Man muß also einräumen, daß es einen Philosophen gegeben hat, der, wenn er auch nicht der direkte Autor des Werks war, so zumindest jener Meister, dessen Einfluß sich am Anfang am stärksten auswirkte. Nichts hindert uns, ihn weiterhin Lao Tan oder Lao-tzu zu nennen. Dies werden wir auch tun, schon allein wegen einer bequemeren Darstellung der Gedanken des *Tao-tê-ching*. Damit schließen wir aber nicht aus, daß dieser Name in Wirklichkeit mehrere Denker abdeckt, und auch nicht, daß die Persönlich-

keit eines letzten Bearbeiters, der wohl in der 2. Hälfte
des 3. Jahrhunderts gewirkt haben muß, eine entschei-
dende Rolle gespielt haben mag.

Die Kommentare

Das *Tao-tê-ching* ist das am häufigsten in westliche Spra-
chen übersetzte Werk des Fernen Ostens. In China selbst
dürfte es der am ausgiebigsten kommentierte Text sein.
Die Zahl der Kommentare, die zwischen dem 3. Jahrhundert vor der Zeitwende und heute verfaßt worden
sind, liegt deutlich über 200 Titeln.
Die ältesten dieser Kommentare sind uns in zwei Kapiteln des *Han-Fei-tzu* erhalten, dem berühmtesten Werk
der legalistischen Schule. Sollte Han Fei (269–233 vor
Chr.) tatsächlich deren Autor sein, würden diese An-
merkungen aus der Mitte des 3. Jahrhunderts vor Chr.
stammen. Obzwar dieser Kommentar nicht von einem
Taoisten stammt und sich nur auf einen Teil des Werks
bezieht, ist er von hohem Interesse, denn er zeigt uns,
wie die Legalisten, von denen Szu-ma Ch'ien behauptet,
daß sie mit ihrer Lehre an Huang-ti und Lao-tzu an-
knüpften, das *Tao-tê-ching* interpretierten.
Obgleich der Taoismus zu Beginn der Han-Zeit sehr in
Mode war, sind uns aus jener Zeit keine Kommentare erhalten. Denn der berühmte Kommentar des *Ho-shang-
kung* (»Der Ehrwürdige am Fluß«), der angeblich aus der
Zeit des Kaisers Wen (180–157) stammt, rührt sicher aus
einer späteren Zeit, ohne daß man bisher mit Gewißheit
den Zeitpunkt seiner Abfassung angeben könnte. Immerhin hat man heute Gründe, seine Entstehung an das
Ende der Han-Zeit, d.h. ins 2. Jahrhundert unserer Zeit-

rechnung zu legen – im Gegensatz zu einer lange vertretenen Ansicht, derzufolge er erst sehr spät, unter den Sechs Dynastien (3.–6. Jahrhundert unserer Zeitrechnung) entstanden sein sollte. Aus dem Leben des Ho-shang-kung kennen wir nur eine berühmte Legende, die im Vorwort des Kommentars folgendermaßen erzählt wird:

Der Kaiser Wen hatte Gefallen an den Worten des Lao-tzu. Aber es gab zahlreiche Passus, die er darin nicht verstand, und er fand niemanden, der sie ihm erklären konnte. Als er daher von der Existenz eines ehrwürdigen Taoisten erfuhr, der eine strohgedeckte Hütte an einem Fluß bewohnen sollte und sich unablässig der Lektüre des *Tao-tê-ching* widmete, sandte er einen Boten, um ihn über die schwierigen Passus zu befragen. Doch Ho-shang-kung forderte, daß der Kaiser sich selbst zu ihm bemühte. So machte sich Kaiser Wen höchstpersönlich auf den Weg, warf aber zunächst dem Weisen seine Arroganz vor: »Es gibt unter dem Himmel keinen Ort, der nicht Boden des Königs wäre. Es gibt auf dieser Erde keinen Bewohner, der nicht Vasall des Königs wäre ... Obwohl Ihr das Tao besitzt, seid Ihr nichtsdestotrotz einer meiner Untergebenen ... Überschätzt Ihr Eure Stellung nicht, wenn Ihr Euch nicht meinen Wünschen fügt? Bedenkt, daß ich jeden zu einem Reichen oder einem Armen, einem Mächtigen oder einem Elenden machen kann.« Sogleich erhob sich Ho-shang-kung von seinem Sitz und schwebte sehr hoch in den Lüften. Von dort aus wandte er sich mit folgenden Worten an den Kaiser: »Nachdem ich weder im Himmel noch unter den Menschen, noch auf der Erde bin, bin ich da immer noch Euer Untergebener?« Kaiser Wen sah ein,

daß er es mit einem übernatürlichen Wesen zu tun hatte, entschuldigte sich demütig und empfing darauf von
Ho-shang-kung das *Tao-tê-ching* und dessen Kommentar.

Ein anderer wichtiger Kommentar der alten Zeit ist demgegenüber das Werk eines sehr bekannten Autors: Wang
Pi (226–249). Dieser außergewöhnlich begabte Jüngling

fand, ehe er mit 23 Jahren starb, Zeit, mehrere Werke zu verfassen, unter denen die Kommentare zum *I-ching* (»Buch der Wandlungen«) und zum *Lao-tzu* am bekanntesten sind. Er ist der hervorragendste Vertreter der Erneuerung des philosophischen Denkens, wie es seit dem Beginn der Han-Zeit nicht zu beobachten gewesen war. Sein Kommentar ist – im Gegensatz zum pragmatischen des Ho-shang-kung – von mehr metaphysischem Charakter.

Es ist unmöglich, hier auch nur einen knappen Überblick über alle Kommentare zu geben, die sich im Lauf der Jahrhundertwende angesammelt haben. Es würde jedoch die Mühe verlohnen, sie um ihrer selbst willen zu untersuchen. Zu beachten ist, daß unter den Kommentatoren Vertreter aller drei großen Strömungen des chinesischen Geisteslebens vorkommen: natürlich Taoisten, aber auch Konfuzianer und Buddhisten. So begegnen wir in ihren Reihen verschiedenen Kaisern (der Kommentar des T'ang-Kaisers *Hsüan-tsung* gehört zu den höchstgeschätzten), berühmten Dichtern und Staatsmännern. Daraus erhellt die überragende Bedeutung des Buchs *Lao-tzu* für das geistige Leben Chinas, eine Bedeutung, die weit über die im engen Sinn taoistischen Kreise hinausgeht.

Die Lehre

*Die Gedanken des Lao-tzu nach dem Zeugnis
der alten Philosophen*

Gegen Ende der Zeit der Kämpfenden Reiche spielte Lao
Tan die Rolle eines alten Weisen, dessen Aussprüche
man zitierte, und zwar ohne Rücksicht auf seine Schul-
zugehörigkeit. Ganz natürlich kommt Lao-tzu am häufigsten bei taoistischen Autoren zu Wort, zuvorderst im
Buche *Chuang-tzu*. Nun halten die wirklichen oder er-
fundenen Personen, die Chuang Chou oder andere Verfasser der Sammlung in Szene setzen, nur frei erfundene,
fiktive Reden, so daß, von wenigen Ausnahmen abgesehen, jene Texte nichts zu unserem Verständnis des hypo-
thetischen Lao Tan beitragen. Immerhin bildet das letzte
Kapitel des Buchs *Chuang-tzu*, das einem unbekannten
Schüler zuzuschreiben ist, eine Ausnahme: Es ist die ob-
jektive Beschreibung der wichtigsten philosophischen
Strömungen des Alten China – und als solche ein wert-
volles Dokument.
Auch andere Werke enthalten Zitate, die dem heutigen
Text des Buchs *Lao-tzu* mehr oder minder ähneln. Zwei
von ihnen geben eine knappe und allgemeine Kritik des
Werks. Wir finden es nützlich, diese Urteile vor dem

Text des *Chuang-tzu* selbst zu zitieren. So heißt es im *Lü-shih Ch'un-ch'iu*[2] (»Frühling und Herbst des Lü Pu-wei«): »Lao Tan schätzte die Weichheit« (Kap. 17). »Der Heilige vernimmt, was ohne Geräusch, und sieht, was ohne Gestalt ist. Ein solcher war (u.a.) auch Lao Tan« (Kap. 18).

Nach *Hsün-tzu*[3] »verstand Lao-tzu sich auf den Rückzug, nicht jedoch auf die Entfaltung«. Und der konfuzianische Philosoph ergänzt weiter unten: »Wenn es nur den Rückzug, niemals aber die Entfaltung gibt, kann man nicht unterscheiden zwischen dem Wertvollen und dem Wertlosen, zwischen dem Kostbaren und dem Minderwertigen, zwischen dem Edlen und dem Gemeinen« (Kap. 17). Die Weichheit und der Rückzug auf sich selbst, dies sei also das Verhaltensideal des Lao-tzu gewesen, weshalb er dahin gelangte, Hierarchien und Wertordnungen zu ignorieren, wie sie die Grundlagen der konfuzianischen Gesellschaft bildeten. – Es ist an dieser Stelle allerdings darauf hinzuweisen, daß die Ethik des Hsün-tzu, der unmittelbar vor der Gründung des Ch'in-Reiches schrieb, nicht mehr mit der des alten Konfuzianismus identisch war, in welchem eine gewisse, sich anpassende Elastizität keineswegs mißbilligt wurde. Nachzugeben verstehen war eine Kunst, die man durch die Riten lernte. So scheint es keineswegs so gewesen zu sein, daß Nachgiebigkeit und Demut den Taoisten vorbehaltene Tugenden gewesen sind. Nur haben diese Haltungen bei Lao-tzu nichts mit Ritualisierung zu tun, weshalb Hsün-tzu, der für eine auf den Riten begründete Erziehung und Regierung eintritt, sie als bedenklich verurteilt.

Der zweite, oben zitierte Abschnitt aus dem *Lü-shih Ch'un-ch'iu* deutet darauf hin, daß Lao-tzu mit mystischer Intuition begabt war, eine Qualität, die ihm auch in dem ihm gewidmeten Abschnitt im Kap. 33 des *Chuang-tzu (T'ien-hsia-p'ien)* zugeschrieben wird. Im letztgenannten Text heißt es:

Die Wurzel der Dinge als reine Essenz und die uns umgebenden Wesen als etwas Grobes betrachten, im Reichtum Bedürftigkeit empfinden, gelassen und einsam den Heiligen Mächten entgegentreten, darin bestand eine der im Altertum vertretenen Lehren. Kuan Yin und Lao Tan hörten von dieser geistigen Strömung und fanden ihr Gefallen daran. Sie stützten sie durch das »beständige Nichts« und unterwarfen sie dem »Höchsten Einen«. Nach außen traten sie weich und fügsam auf, innerlich erfüllte sie vollkommene Leerheit und das Bestreben, keinem der Zehntausend Wesen zu schaden.

In diesem Text spiegelt sich nicht nur die Einstellung der Taoisten; es wird darin auch die Demut des Lao-tzu angesprochen. Es ist aber keine wesensmäßige mehr, sondern eine äußerliche, oberflächliche, während die innerliche Haltung dieser Weisen als »Leerheit«, Unvoreingenommenheit bezeichnet wird. Wir werden sehen, daß man darunter nicht nur das Fehlen von Wissen, sondern auch von Begierden und Willensstrebungen verstehen muß. Daraus resultiert dann das Fehlen jeder Aggressivität, durch die dem Nächsten Schaden zugefügt werden könnte. Zu beachten ist, daß Kuan Yin und Lao-tzu hier mit einer alten Tradition in Zusammenhang gebracht werden, die auf Kreise von Mystikern zurückgeht, durch welche sie um neue metaphysische Begriffe bereichert worden ist.

Eine weitere Zusammenfassung der Gedanken des Lao-tzu wird uns von Szu-ma Ch'ien überliefert, dem Autor der »Aufzeichnungen der Historiker«. Nach seiner Aussage hat die Lehre des Philosophen die Vorstellungen der Leerheit und des Nichts zum Mittelpunkt. Hinzu kommt noch das *wu-wei* (das »Nicht absichtsvolle Handeln«), dank dem der Weise sich harmonisch den Veränderungen anpassen kann, die sich in der Welt vollziehen. Im Nachwort zitiert Szu-ma Ch'ien dann noch einen Text seines Vaters Szu-ma Tan, in dem jener die philosophischen Systeme bespricht, dabei dem Taoismus besondere Aufmerksamkeit schenkt, ja ihn über die anderen Lehren stellt. Auch in diesem Text sind die wichtigsten Motive das »Nicht absichtsvolle Handeln«, die Anpassung an die natürlichen Entwicklungen und die Leerheit.

Es mag überraschen, daß in dieser Zusammenfassung nirgendwo das *tao* oder das *tê* betont wird, Begriffe, die doch eigentlich für unseren Philosophen ganz wesentlich sein müßten. War seine Lehre nicht die Lehre vom Tao *par excellence?* Tatsächlich fehlen diese Begriffe nur scheinbar, jedoch nicht tatsächlich, denn sie werden hier durch andere Worte vertreten, von denen wir sehen werden, daß sie Modalitäten des Tao ausdrücken: das Nichts, das Unsichtbare, die Höchste Einheit, das »Nicht absichtsvolle Handeln« usw. Wenn die letztgenannten Ausdrücke dem *tao* und dem *tê* vorgezogen werden, so deshalb, weil diese keineswegs dem Taoismus vorbehalten, sondern Gemeingut der Sprache der Philosophen und Priester waren, so daß mit ihrer Anwendung das Denken Lao-tzus keineswegs zu charakterisieren war. Dessen ungeachtet gewinnen sie im *Tao-tê-ching* eine neue Bedeutung, durch welche der (später) dem Werk verliehene Titel ebenso wie der Name der Schule gerechtfertigt erscheinen.

Das Tao und das Tê im allgemeinen Sprachgebrauch

Die eigentliche Bedeutung des Wortes *tao* ist »Weg«, »Pfad«. Verbal gebraucht, bedeutet das gleiche Wort (mitunter mit einem geringfügig veränderten Zeichen geschrieben): »einen Weg bahnen«, »führen«, »eine Verbindung herstellen«. Derjenige, welcher seinem Nächsten einen Weg weist, belehrt ihn durch das Wort. So hat *tao* auch die Bedeutung »sagen«, die eines »Wortes«, das unterrichtet und belehrt, endlich den einer »Lehre«.

So läßt *tao* in erster Linie das Bild eines zu beschreitenden Wegs und im übertragenen Sinn den Gedanken einer Verhaltensregel, einer moralischen Regel erstehen. In der letztgenannten Bedeutung kommt es zumeist in den im engeren Sinn konfuzianistischen Texten vor. Aber das Wort *tao* ist auch und zuvorderst ein religiöser oder magischer Begriff. Er bezeichnet die Kunst, eine Beziehung zwischen Himmel und Erde oder zwischen den sakralen Mächten und den Menschen herzustellen, die Kunst, ein magisches oder technisches Werk zu vollbringen. *Tao* ist zugleich eine Kunst, eine Methode und eine Macht. Es ist die geheimnisvolle Macht des Wahrsagers, Magiers, aber auch des Königs. Auch in China gab es, wie in vielen anderen Gegenden, eine Zeit, wo die politischen Häupter mit den Magiern identisch waren. Auch in historischer Zeit haben die chinesischen Könige und Kaiser noch etwas von dieser Besonderheit bewahrt. So schrieb man ihnen eine »Tugend« – *tao* oder *tao-tê* genannt – zu, durch welche sie in die Lage versetzt wurden, nicht nur bei ihren Untertanen, sondern in der gesamten Natur Ordnung zu schaffen. Ein alter Mythus mag uns helfen zu verstehen, wie die Vorstellungen eines *Weges* und einer *Ordnung* im religiösen Denken der alten Chinesen zusammenhingen. Einer der berühmtesten Heroen der mythischen Vorzeit ist der Große Yü. Dieser Gründer der Hsia-Dynastie (die bis zum Beweis des Gegenteils eine legendäre Dynastie bleibt) ist eine Art Weltenschöpfer, der eine große Sintflut beendete. Er schuf Abflüsse den Gewässern, die bis zum Himmel zu steigen drohten. Er bahnte ihnen einen Weg *(tao)*, indem er die Gebirge durchbohrte. Anschließend »durchmaß und ordnete« *(tao)* der Heros die 9 [mystische Zahl und Symbol der Ganzheit] Provinzen der Welt. Er machte das Menschenland urbar, bewohnbar, kultivierte es, indem er einerseits den Lauf der Gewässer herstellte, andererseits die verschiedenen Weltgegenden miteinander in Verbindung brachte. Übrigens hatte Yü bei all diesen Werken den Beistand von Fabelwesen, die durch seine Tugend angezogen worden waren.

Hieraus ersieht man, wie das Wort *tao* auch die zivilisierende Macht mustergültiger Herrscher ausdrücken kann, dann auch die der Könige, die in regelmäßigen Abständen die Ordnung der Natur unter Zuhilfenahme der Riten wiederherstellen mußten. Der wichtigste unter diesen Riten war ohne Zweifel eine Rundreise: Der König bereiste sein Herrschaftsgebiet in der Richtung des Sonnenlaufs. Oder aber er bewegte sich zu festgesetzten Zeiten während des ganzen Jahres im Innern eines Tempels, dessen Architektur den Bau des Universums nachahmte. Ja, eigentlich sollte das ganze Leben eines Himmelssohns sich an der Ordnung der Natur orientieren, weshalb man von dem Königlichen Weg oder der Königlichen Ordnung *(wang-tao)* als Entsprechung des Himmlischen Wegs oder der Himmlischen Ordnung

(t'ien-tao) sprach. Diese himmlische oder natürliche Ordnung, oft kurz *tao* genannt, manifestierte sich nach klassischer Vorstellung vor allem im regelmäßigen Wechsel der Jahreszeiten wie auch der Tage und Nächte. Und man erklärte diesen zyklischen Wechsel zwischen Wärme und Kälte, Licht und Dunkelheit mit dem Wechsel zweier geschlechtsbezogener Prinzipien, von Yin und Yang. Indem ein jedes von beiden wechselweise zur Herrschaft gelangte, bestimmten sie das Verhalten aller Wesen. Das Yin, mithin das schattige, kalte, weibliche Prinzip lud sie zur Zurückgezogenheit, zur Ruhe, zur Passivität ein; umgekehrt reizte sie das Yang, das Prinzip des Lichts, der Wärme, der Männlichkeit zur Entfaltung ihrer Energien, zur Aktivität, ja sogar zur Aggressivität.

So ist das Tao nach den gängigen philosophischen und religiösen Vorstellungen die Ordnung oder richtiger das Ordnungsprinzip, das sich im übrigen in verschiedenen Bereichen der Wirklichkeit offenbaren kann. So spricht man nicht nur vom Himmlischen Tao, vom Königlichen Tao, sondern auch vom Tao der Erde oder vom Tao des Menschen. Das Tao der Erde bildet zum Tao des Himmels das Gegenstück, wie das Yin zum Yang. In solchem Zusammenhang nimmt ein Ausdruck wie »Tao des Himmels« eine engere Bedeutung an: Es weist dann nicht auf die Natur als Ganzes, sondern auf die Wirkung des gestirnten Himmels hin, die einer reinen Yang-Aktivität entspricht, während die Wirkung der Erde yin ist. Man stellt sich dann also die Wechselbeziehung zwischen Yin und Yang in den Einflüssen, die Erde und Himmel ausüben, dargestellt vor. Im übrigen bestehen alle Wesen, vor allem der Mensch, aus einer Mischung von himmlischen und irdischen Elementen, weshalb die Welt aus

天皇氏

地皇氏

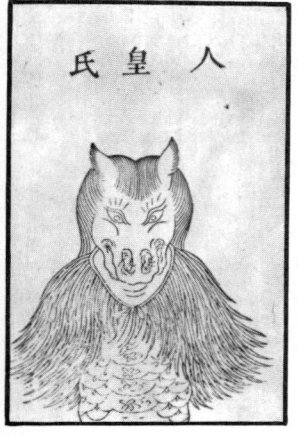

人皇氏

den Drei Potenzen besteht: Himmel, Erde, Mensch. Der letztgenannte ist der religiöse Vermittler zwischen dem Himmel und der Erde – aber tatsächlich füllt nur der Himmelssohn im vollen Wortsinn diese Rolle aus. Er allein ist befähigt und befugt, dem Himmel, in dem seine Vorväter wohnen, zu opfern. Unter »Tao des Menschen« versteht man alle Verhaltensgrundsätze, die den Menschen und insbesondere den König in die Lage versetzen, als Vermittler zu fungieren. Die Idealvorstellung des Konfuzius bezieht sich auf dieses Tao, wenn er erklärt: »Wer am Morgen vom Tao gehört hat, kann am Abend ruhig sterben.« Man näherte sich diesem Ideal durch das Studium und die lautere Praxis der konfuzianischen Tugenden. Hingegen gehörte das Himmlische Tao zu jenen Themen, von denen der Meister nicht sprach, sei es aus Agnostizismus, sei es aus religiösem Skrupel. Dennoch konnte die Schule der Literaten nicht vollkommen ohne Metaphysik auskommen, weshalb die Nachfolger des Konfuzius in das Verzeichnis der Klassiker oder der Kanonischen Bücher *(ching)*, die dem Unterricht und dem Studium dienten, eine Sammlung philosophischer Abhandlungen aufnahmen, das *I-ching* (»Buch der Wandlungen«). Dieses eigenartige und dunkle Werk war ursprünglich ein Orakelbuch. Es bestand im wesentlichen aus einer Reihe von Symbolen, aus Diagrammen, die durch die Kombination ungebrochener und gebrochener Linien gebildet wurden. Ordnet man jeweils drei Linien übereinander an, erhält man die Acht Trigramme: Diese acht Zeichen wurden nach der Sage von Fu Hsi, dem ersten der drei mythischen Urkaiser, gezeichnet. Fu Hsi wird als ein göttliches Wesen mit einem Schlangenkörper dargestellt. Nach der Terminologie des *I-ching* bezeichnet man die ungebrochenen Li-

nien als feste oder harte *(kang)* und die gebrochenen als
schwache oder weiche *(jou)*. In einer allgemeinen Terminologie sagt man auch, daß die festen Linien das Yang
und die schwachen Linien das Yin darstellen.

Durch Kombination von jeweils zwei Trigrammen ge-

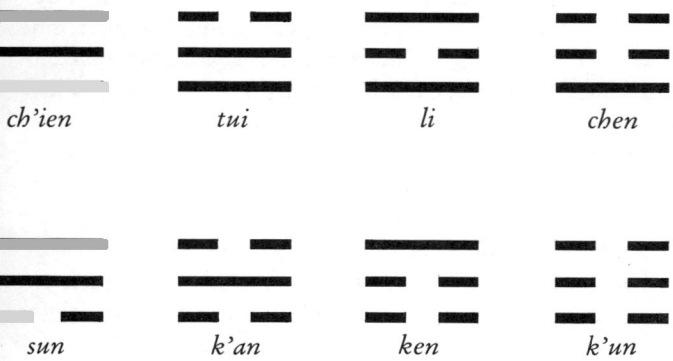

| *ch'ien* | *tui* | *li* | *chen* |

| *sun* | *k'an* | *ken* | *k'un* |

winnt man eine Reihe von 64 Hexagrammen, d.h. aus
sechs Strichen bestehenden Zeichen. Trigramme und
Hexagramme stellen die Gesamtheit der wirklichen Ge-
gebenheiten dar, erstere in etwas synthetischerer, die
zweiten in analytischerer Weise. Diese Symbolwelt erweist sich als besonders eindrucksvoll, wenn man Trigramme oder Hexagramme auf einem Kreisumfang anordnet, durch welchen man das Raum-Zeitgefüge darstellt. Man erkennt dann sogleich, wie Yin und Yang
miteinander abwechseln, wie man von einer Wirklichkeit, die mit dem Zeichen *ch'ien* – das aus reinen Yang-
Linien besteht und den Himmel darstellt –, zu einer
Wirklichkeit gelangt, die durch das Zeichen *k'un* bezeichnet wird; das Zeichen *k'un* besteht nur aus gebrochenen, d.h. Yin-Linien und stellt die Erde dar. Zwi-

schen beiden Extremen symbolisieren die übrigen Zeichen Zwischenstufen von Wirkungen, Wesen, Situationen oder Zeiten mit unterschiedlichen Proportionen von Yin und Yang. Die Technik des Orakels bestand darin, daß man nacheinander zwei der 64 Hexagramme zog und eventuelle Wandlungen beobachtete, die bei einzelnen Linien auftraten. Daraus zog man unter Zuhilfenahme eines außerordentlich hermetischen Textes, der zu jedem Hexagramm gehört, Schlüsse auf in Gang befindliche Angelegenheiten.

Die Symbole des *I-ching* haben wohl sehr früh die philosophische Reflexion angeregt – wie dies der Anhang beweist, der zu einem präzis zu bestimmenden Zeitpunkt am Ende der Zeit der Kämpfenden Reiche dem Orakelhandbuch beigefügt worden ist. Dieser Anhang besteht aus mehreren kleinen Abhandlungen, deren wichtigste der *Hsi-tz'u* ist. Im *Hsi-tz'u* findet sich die älteste gelehrte Definition des Tao: »Ein Aspekt yin, ein Aspekt yang, das ist das Tao.« In einem anderen Traktat *(shuo-kua)* des Anhangs heißt es dann: »Das Tao des Himmels ist Yin und Yang, das Tao der Erde wird durch die ungebrochenen und gebrochenen, harten und weichen [Linien] begründet, das Tao des Menschen ist in den Grundtugenden *jen* (›Menschlichkeit‹) und *i* (›Rechtlichkeit‹).« Selbstverständlich gehören diese drei, nach einem gleichen Schema gegliederten Sphären zusammen und stehen untereinander in Wechselbeziehung. Vor allem unterliegen sie alle dem gleichen Rhythmus. Denn die alten Chinesen stellten sich das Universum niemals als etwas Statisches vor. Für sie war die Welt von Leben erfüllt, ständigem Wechsel unterworfen. Solcher Wechsel vollzog sich nicht in linearer, sondern in zyklischer Folge. Hinter solchen kosmologischen Vorstellungen ahnt man

einen Fundus bäuerlicher Erfahrung; dennoch wurden sie im wesentlichen durch die Beobachtungen und Überlegungen »gelehrter« Astronomen und Astrologen, Ärzte und Mantiker in ein System gebracht. Aus dieser Gelehrtenreflexion sind die großen Kategorien des chinesischen Denkens hervorgegangen: *tao, yinyang,* Fünf Elemente oder Wandlungsphasen *(wu-hsing).* Die letztgenannten entsprechen wiederum eher raumzeitlichen Kategorien als »Stoffen«. Ihre Zuordnung im Raum-Zeitgefüge ist Holz-Osten, Feuer-Süden, Erde-Mittelpunkt, Metall-Westen, Wasser-Norden.

Nach dem Begriff des *tao* verlangt nun noch die Bedeutung des Begriffs *tê* in der allgemeinen Philosophensprache einige Erläuterungen. Im allgemeinen übersetzt man *tê* mit »Tugend«, weshalb der doppelte Ausdruck *tao-tê* in der modernen Umgangssprache einfach »Moral« bedeutet. Für Konfuzius war *tê* eine Qualität, die jener erworben hatte, der eine edle Lebensart in der Gesellschaft

中。極於子中。其陽在南。其陰在北。方布者乾始於西北。坤盡於東南其陽在北其陰在南此二者陰陽對待之數。圓於外者爲陽方於中者爲陰圓者動而爲天方者靜而爲地者也。

剝　比
謙　艮　蹇
師　蒙　坎
升　蠱　井
復　頤　屯
明夷　賁　既濟
臨　損　節
泰

伏羲六十

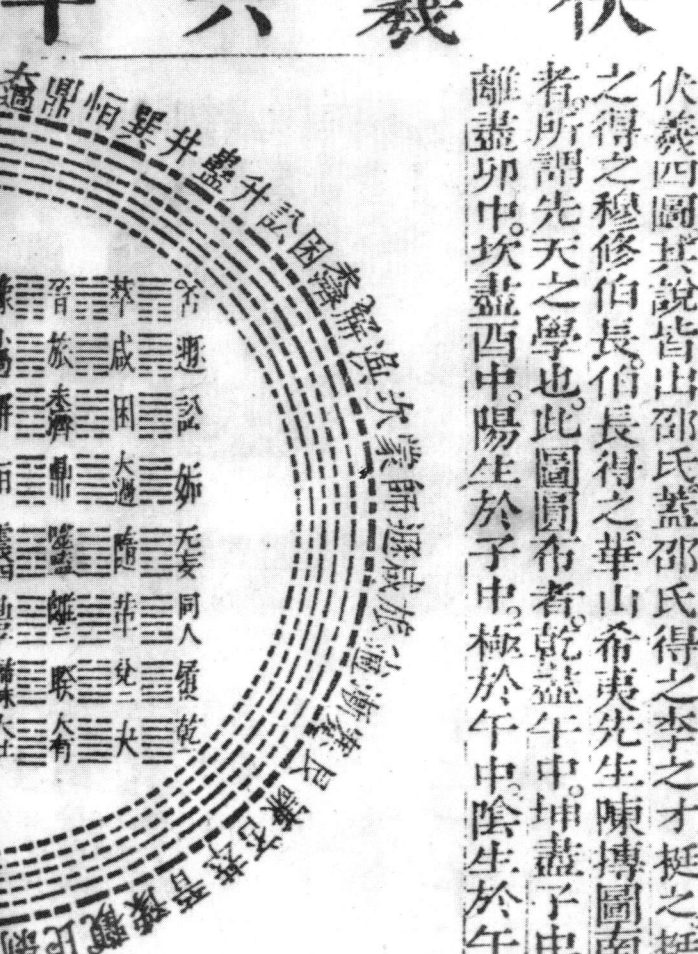

伏羲四圖其說皆出邵氏蓋邵氏得之李之才挺之挺
之得之穆修伯長伯長得之華山希夷先生陳摶圖南
者所謂先天之學也此圖圓布者乾盡午中坤盡子中
離盡卯中坎盡酉中。陽生於子中極於午中陰生於午

gebildeter und beherrschter Menschen an den Tag legte. Aufgrund seines *tê* verkörpert der Weise ein Kulturideal und wird für seine Umgebung zu einem Muster: Seine Tugend ist eine ansteckende, Wirkungen verbreitende. Der Begriff *tê* impliziert nämlich immer auch die Vorstellung von Wirksamkeit und Spezifizität. Jedem Wesen, das irgendeine natürliche oder erworbene Macht besitzt, schreibt man *tê* zu. *Tao* und *tê* liegen in ihren Bedeutungen also nahe beisammen, wobei jedoch der erste Begriff umfassend und unbestimmt ist, der zweite hingegen auf spezifische Wirkungen hinweist. *Tê* ist die Wirkkraft, »die sich in der Wirkung vereinzelt«.[4]. Demnach hat *tê* Bedeutungen, die von »magischer Tugend« bis zu »moralischer Tugend« reichen. Die letztgenannte ist allerdings eine abgeleitete Bedeutung, denn ursprünglich war ein *tê* nicht notwendig gut: Jemand, der ein böses *tê* besitzt, bringt sich und anderen Unglück. Im allgemeinen wird *tê* allerdings mit positiver Bedeutung verstanden, als eine innere Kraft, die auf die Umgebung desjenigen, der sie besitzt, einen günstigen Einfluß ausübt, als eine wohltätige, belebende Tugend. Nach dem *Hsi-tz'u* ist das *tê* des Himmels und der Erde einfach die Macht, Leben in der Welt hervorzurufen.

Das unaussprechliche Tao

Die große Vielfalt der Bedeutungen, die dem Wort *tao* beigelegt werden können, erleichtert keineswegs die Deutung der Texte, in denen das Wort vorkommt. Dies gilt auch für das *Tao-tê-ching*, wo dieser Ausdruck in verschiedenen Bedeutungszusammenhängen 76mal vorkommt. Oft wird das Wort dort zwar in einer der üblichen Bedeutungen gebraucht: »Naturgesetz« (Tao des Himmels), »Lehre«, »Verhaltensideal« . . . Andererseits besitzt es einen neuen Sinn, den es bei den nichttaoistischen Philosophen des Altertums noch nicht hatte. Das Tao ist nicht nur ein Ordnungsprinzip, es ist eine Wirklichkeit, aus der das Universum entspringt. Genauer gesagt, Lao-tzu verwendet dieses Wort in Ermangelung eines besseren, um eine solche Wirklichkeit zu beschreiben:

> Es gibt ein eigenschaftsloses und vollkommenes Wesen, das vor dem Himmel und der Erde entstanden ist: Wir dürfen es als die Mutter dieser Welt betrachten, doch kenne ich ihren Namen *(ming)* nicht. So nenne ich es *(tzu)* Tao. Und wenn ich ihm unbedingt einen Namen *(ming)* geben soll, dann das [unendlich] Große *(ta)*. (Kap. 25)

Weder der Begriff *tao* noch irgendein anderes Wort der menschlichen Sprache eignet sich als Name *(ming)* des Höchsten Prinzips. Denn *ming* ist der persönliche, intime Name eines Individuums. Dieser persönliche Name durfte von Rangniedrigeren nicht in den Mund genommen werden; er war tabuisiert. Denn seine Kenntnis und vor allem sein Gebrauch gaben Macht über die mit ihm bezeichnete Person. Der wahre Name des Tao muß also unbekannt bleiben; *tao* ist nur eine Benennung *(tzu)*, d.h. eine Art allgemein zugänglicher, nicht tabuisierter Vorname. Nun hat *ming* neben der präzisen, soeben erläuterten Bedeutung die allgemeinere eines »Wortes«, einer beliebigen »Bezeichnung«. Dennoch war für die Chinesen der alten Zeit *ming* niemals etwas völlig Wertfreies. Allein durch den Umstand, daß etwas einen Namen trägt, ist sein Platz in einem hierarchisch geordneten Universum bestimmt. Deshalb gehören die Beziehungen

zwischen Namen und Wirkungen (der Wirklichkeit) zu jenen Problemen, die die Philosophen des chinesischen Altertums – angefangen bei Konfuzius selbst – lange Zeit beschäftigten. Die einen waren der Ansicht, daß jeder Namengebung etwas Willkürliches anhafte und daß sie allein aus den gesellschaftlichen Gepflogenheiten zu erklären sei. Andere legten dar, daß Namen, vor allem jene, die eine hierarchische Stellung, einen Status, bezeichneten, von zwingender Kraft seien, daß sie die Ausübung der Macht kanalisierten, den Bereich und die Zugehörigkeit der Wesen bestimmten. Auch von hierher erschien es unmöglich, einen passenden Namen für das Absolute zu finden. Wenn Lao-tzu dennoch erklärt, daß, wenn man unbedingt einen Namen für das Tao wählen müsse, dieser »Groß« *(ta)* laute, so ist klar, daß er dieses letztgenannte Wort in absoluter Bedeutung nimmt: das Unermeßliche, das Unvergleichliche. Diese außerordentliche Begriffsdeutung führte dann manche Taoisten bei der Überprüfung des Lao-tzu-Textes dazu, diesen zu korrigieren und statt einfach *ta* jetzt *ta-i* oder *t'ai-i*, nämlich »Große Einheit« oder »Höchste Einheit« zu setzen, einen Ausdruck, den der Sophist Hui Shih folgendermaßen umschreibt: »Es gibt nichts, das außerhalb des unendlichen Großen (genannt *ta-i*) wäre.«
Bereits im 1. Kapitel des *Tao-tê-ching* wird festgestellt, daß über das Tao nichts ausgesagt werden kann. Leider ist dieses wichtige Kapitel zugleich eines von jenen, das die meisten Probleme aufwirft, denn verschiedene Interpunktionsmöglichkeiten des Texts, Zeichenvarianten und Unklarheiten hinsichtlich der Bedeutung bestimmter Worte gestatten mehrere untereinander sehr verschiedene Übertragungen. Wir übernehmen an dieser Stelle zunächst eine Übersetzung, die die von den älte-

sten Kommentatoren gebrauchte Interpunktion zugrunde legt:

1. Ein Tao, über das man sprechen *(tao)* kann, ist nicht das stete Tao *(ch'ang-tao)*.

2. Ein Name, der zur Benamung dienen kann, ist nicht der stete Name *(ch'ang-ming)*.

3. Was ohne Namen ist, ist der Ursprung von Himmel und Erde.

4. Was einen Namen hat, ist die Mutter der Zehntausend Wesen.

5. Solchermaßen im steten Zustand der Begierdelosigkeit betrachten wir diese Geheimnisse.

6. Im steten Zustand der Begierden betrachten wir seine Grenzen [oder: seine Oberfläche].

7. Diese beiden [Modalitäten] beruhen auf dem gleichen Prinzip, aber ihre Namen sind verschieden.

8. Vereint nenne ich sie das Dunkle *(hsüan);* das dunkelste in dieser Dunkelheit ist das Tor aller Geheimnisse.

Szu-ma Ch'ien schreibt über das *Tao-tê-ching,* daß es wegen seiner dunklen Tiefe ein schwer verständliches Werk darstelle. Gewiß sind einzelne Kapitel dieses Buchs so dunkel oder so mehrdeutig, daß sie niemals eine eindeutige Interpretation erlauben. Vielleicht ist diese Dunkelheit des Textes Absicht, ja man kann nicht ausschließen, daß diese Stellen je nach dem Initiationsgrad der Schüler in verschiedener Weise vorgetragen und erklärt worden sind. Leider verfügen wir nur über Kommentare, die sehr lange nach der Abfassungszeit des Texts entstanden sind. Und dennoch, abgesehen von ihrem Eigenwert dürfen auch diese Kommentare als Zeugnisse einer alten Tradition verstanden werden und verdienen als solche Beachtung. Für den ersten Satz des zitierten Texts werden wir auf den Kommentar des Han-Fei-tzu zurückgreifen, der, wiewohl er keine taoistische Deutung im engeren Sinne gibt, doch wegen seines hohen Alters bedeutsam ist; auch, weil er gewissermaßen die Deutung des Worts *ch'ang* im Wortsinn von »stet«, »beständig« bestätigt – im Gegensatz zu einigen anderen Kommentatoren:

> Unter sittlicher Qualität *(li)* verstehen wir Unterschiede zwischen Eckigem und Rundem, Kurzem und Langem, Grobem und Feinem, Festem und Zartem. Werden diese Qualitäten (an einem beliebigen Wesen) bestimmt, so kann man über dieses sprechen *(tao)*. Jedes Wesen mit bestimmten Qualitäten unterliegt dem Wechsel von Existenz und Vergehen, von Leben und Tod, von Jugend und Alter. Von keinem, einem solchen Wechselspiel unterworfenen Wesen kann man aussagen, daß es »stet« oder »beständig« sei. Allein ein Wesen, das mit der Entstehung des Universums entstanden ist und bis zu dessen Auflösung fortbesteht, ohne zu verfallen oder zu altern, kann beständig genannt werden. Ein solches beständiges Wesen unterliegt also nicht den Wandlungen; es hat auch keine bestimmten Qualitäten. Da es keine bestimmten Qualitäten hat und auch im Raum nicht geortet werden kann, kann man nichts über es aussagen. Wenn der Heilige einerseits die dunkle Leerheit dieses Wesens betrachtet und andererseits die Wirksamkeit seines universellen Wirkens wahrnimmt, so gibt er ihm – in Ermangelung eines Besseren – die Bezeichnung *(tzu)* Tao. Auf diese Weise kann man nichtsdestoweniger über es sprechen. Deshalb heißt es: »Ein Tao, über das man sprechen kann, ist nicht das beständige Tao.«

Man wird bemerkt haben, daß die Beständigkeit des Tao

nach Han Fei bedeutet, daß es von gleich ewigem Bestand ist wie das Universum (wörtlich: »Himmel und Erde«). Aber er scheint sich nicht vorzustellen, daß das Prinzip diesem Universum vorangehen könnte. Nun haben wir aber gesehen, daß das Tao für Lao-tzu *vor* Himmel und Erde entstanden ist. Hier liegt ein bedeutsamer Unterschied zwischen dem Tao der Taoisten und jenem der anderen Schulen, inbegriffen die der Legalisten, welch letztere im übrigen durch die Metaphysik des Lao-tzu beeinflußt worden sind.

In den beiden ersten Sätzen werden also einerseits die *tao* (Plural!), d.h. die »Lehren«, »Formeln« usw., die man mitteilt *(tao),* in Worte fassen kann, dem »beständigen Tao« *(ch'ang-tao),* d.h. dem Höchsten Prinzip, das nicht den Veränderungen der phänomenalen Welt unterliegt, gegenübergestellt; andererseits stellt man die Namen, die zur Benamung dienen können, d.h. die Macht über Wesen verleihen (eingeschlossen Geister und Götter), dem »Beständigen Namen« gegenüber, also jenem Namen, der die transzendente Ewigkeit des Tao adäquat wiedergeben könnte.

Ho-shang-kung erläutert, was man sich unter »den *tao* (Plural!), von denen man sprechen kann«, vorstellen darf: Es sind die Lehren der konfuzianischen Klassiker, die politischen und moralischen Doktrinen; und »die Namen, die zur Benamung dienen können«, sind Titel und Bezeichnungen, die Reichtum, Ruhm und dergleichen ausdrücken, mit anderen Worten, die – nach Auffassung der Taoisten – willkürlichen und künstlichen gesellschaftlichen Werte. Das wahre Tao ist – immer noch nach Ho-shang-kung – zugleich das gestalt- und namenlose Prinzip des Universums und der Weg, die Lebenskunst, die darin besteht, der Natur ihren Lauf zu lassen,

nicht in den Lauf der Dinge einzugreifen; eine Kunst, die
sowohl im persönlichen Leben (Langlebigkeit, geistige
Entwicklung) als auch im politischen (freie, friedvolle
Existenz des Volkes) ihre Anwendung haben kann. Was
nun den wahren Namen anlangt, so interpretiert ihn
Ho-shang-kung in eigenartiger Weise, woraus ersicht-
lich ist, daß ein Name weit davon entfernt war, nur als
Etikett zu dienen: Der »spontane« und beständige
Name, den das Tao natürlicherweise und wesentlich besitzt, »ist vergleichbar dem Neugeborenen, der noch
nicht spricht, dem Ei, dessen Inhalt noch nicht ge-
schlüpft ist, der Perle, die noch in der Auster ruht, dem
Jadestück, das noch in das Gestein eingeschlossen ist:
Obwohl im Innern bereits strahlende Helligkeit
herrscht, ist ihr Äußeres ohne Glanz«. Damit soll gesagt
werden, daß jener, der mit dem wahren Tao vereint ist,
ein inneres Licht besitzt, das er sorgfältig verbirgt, so daß
er äußerlich wie ein Tor wirkt. (Umgekehrt würde ihm
ein gewöhnliches Tao Berühmtheit (*ming*, »Name«,
hat auch diese Bedeutung) bringen – was durch das
wahre Tao nicht geschieht.) Hingegen besitzt er eine
virtuelle Kraft (das wahre Tê), die aus seiner beständigen
Vereinigung mit dem Höchsten Prinzip rührt. Die Er-
klärungen Ho-shang-kungs machen sehr anschaulich,
wie für die taoistische Mentalität metaphysische Pro-
blemstellungen und die Lebenskunst aufs engste zusam-
menhängen.
In den Zeilen 3 und 4 werden aufgrund der hier angewandten und im übrigen syntaktisch natürlichsten Interpunktion zwei Modalitäten des Prinzips gegenübergestellt: Namenloses und Benamtes, Ursprung, Mutter. Es
handelt sich hier zugleich um zwei Phasen in der Entstehung des Universums: Himmel und Erde – die Zehn-

tausend Wesen, d.h. alle sichtbaren Wesen einschließlich des Menschen.

Aufgrund einer von den nichttaoistischen Kommentatoren der Sung-Zeit angewandten Interpunktion wären diese beiden Zeilen folgendermaßen zu lesen:

3. Nichtsein (Unsichtbares, *wu*) ist der Name, den ich dem Ursprung des Himmels und der Erde gebe;

4. Sichtbares (Existenz, *yu*) ist der Name, den ich der Mutter der Zehntausend Wesen gebe.

In gleicher Weise stellt man in den Zeilen 5 und 6 nach der hier angewandten Interpunktion Begierden und Begierdelosigkeit gegenüber. Um wen handelt es sich hier? Die Texterklärer haben die Antwort parat: Natürlich um die Seele des Menschen. Andererseits läßt das Wort »beständig« *(ch'ang)*, das hier wiederum vorkommt, die Vermutung zu, daß auch hier noch vom Tao die Rede ist. Dann müßte man verstehen, daß das Tao zwei Modalitäten des Seins besitzt: Im Zustand der Begierdelosigkeit ist es in Ruhe und undifferenziert; im Zustand der Begierden bringt es differenzierte Wesen hervor, die der sinnlichen Wahrnehmung zugänglich sind. Nur scheint eine solche Interpretation innerhalb des alten Taoismus, in dem das Tao keine Begierden haben kann, nicht möglich zu sein. Deshalb glaube ich, muß man diese beiden Sätze ganz anders interpunktieren. Wie in den Sätzen 3 und 4 werden in ihnen *wu* und *yu*, die beiden »beständigen« Aspekte des Tao, gegenübergestellt:

5. Deshalb betrachten wir (nach seinem unsichtbaren Modus) diese Geheimnisse;

6. (in der [sichtbaren] Welt) betrachten wir seine Grenzen.

Der Gegensatz von *wu* und *yu* ist für die Metaphysik des Lao-tzu grundlegend. Und er ist auch dann implizit, wenn man sich für die erste Interpretation entscheidet, denn *wu*, oft mit »Nichtsein« übersetzt, bedeutet wortwörtlich »es gibt nicht« oder »nicht haben«; und *yu*, im allgemeinen mit »sein« übersetzt, bedeutet »haben« oder »vorhanden sein«. Im philosophischen Zusammenhang gebraucht, weisen diese beiden Ausdrücke auf die Gegenwart oder die Abwesenheit sinnlicher Qualitäten im Sein hin. Hier wäre für die vergleichende Philosophie ein Anlaß zum Nachdenken über das ontologische Problem oder über die Frage des Seins und des Habens. Wir wollen lediglich festhalten, daß *wu* niemals das reine Nichts bezeichnet – wäre doch damit die Vorstellung von einer Schöpfung unterstellt, die dem chinesischen Denken durchaus fremd ist. *Wu* bezeichnet ganz im Gegenteil einen dem gewöhnlichen Sein übergeordneten Modus der Existenz. Er ist auch als »Leerheit« zu bezeichnen, die, wie wir sehen werden, für Lao-tzu die Fülle der Möglichkeiten bedeutet. Ist also das *wu* mit dem Tao identisch, wie es die Erklärer im allgemeinen annehmen? – Mit Sicherheit nicht, wenn wir unter Tao das »beständige Tao« des ersten Satzes verstehen, das weiter unten als dunkel *(hsüan)* bezeichnet wird. Wohl aber könnte damit das Tao schlechthin, das Tao des Himmels, das Tao der Natur bezeichnet sein, welches »ein Tao, von dem man sprechen kann«, ist. Wollte dies nicht auch Han Fei im oben zitierten Kommentar ausdrücken? Der Heilige, der das Prinzip unter dem Gesichtspunkt seiner universellen Wirksamkeit betrachtet – ohne dabei seine dunkle Leerheit zu übersehen –, versieht es mit einer Bezeichnung, um über es sprechen zu können. Nur identifiziert Han Fei offenbar *wu* mit dem beständigen Tao, während Lao-tzu im Kapitel 1 beide unterscheidet.

Wu ist also eine der aussprechbaren Modalitäten des

Höchsten Tao; letztes hingegen stellt eine unaussprechbare Wesenheit dar. Aber nichts hindert daran, daß man gemeinhin mit dem Namen Tao eine dieser Modalitäten belegt und von ihnen spricht. Worüber man jedoch vor allem sprechen kann, ist seine Wirkweise, das *Tê*, das sich in der sinnlich wahrnehmbaren Welt manifestiert. In diesem Bereich kann man auch Begriffe wie Begierde und Begierdelosigkeit ins Spiel bringen, und zwar auch dann, wenn man sich für die zweite Übersetzungsweise entscheidet. Wenn der Mensch in der Welt der sinnlichen Dinge lebt, erregen diese seine Sinne, seine Einbildungskraft, seinen Willen zur Macht. Sie treiben ihn an zu handeln, seine Lebensenergie zu verausgaben; ja sie wirken so stark auf ihn ein, daß er darüber den anderen Aspekt der Wirklichkeit, die unsichtbare Welt, vergißt. Jene, die im Bereich der Begierden und der benamten und eingeordneten Dinge leben, erinnert der Meister des Tao daran, daß es eine höhere Seinsform gibt, in der nichts zu begehren und nichts zu klassifizieren bleibt. Wohl muß man aber auch hier annehmen, daß es eine Hierarchie, eine Stufenordnung in der geistigen Initiation des Adepten gibt. Anscheinend wird dieser angehalten, die Beständigkeit des Prinzips zu erfassen, nachdem er gelernt hat, daß dessen Wirkkraft im unfaßbaren Ursprung liegt. Nach der Erfahrung von der Entstehung aller Dinge muß er die einer Transzendenz machen. Deshalb spricht man hier nicht vom Tao, sondern vom *ch'ang tao*, vom »beständigen Tao« oder »höchsten Tao« oder, besser noch, vom »Dunklen«, vom »Geheimnisvollen« *(hsüan)* oder, noch besser, vom »Dunklen der Dunkelheit«, denn beim Eindringen in das Geheimnis gibt es keinen Endpunkt.
Es gibt also eine übergeordnete Wirklichkeit, die die

sinnlichen und nichtsinnlichen Modalitäten des Seins transzendiert. Über diese Wirklichkeit läßt sich tatsächlich nichts aussagen, man kann weder von ihr sprechen, noch kann man sie lehren. Es ist sicher kein Zufall, daß eine solche Feststellung am Anfang des *Tao-tê-ching* steht. Sein Autor macht uns darauf aufmerksam, daß die vielfältigen, in der Welt verbreiteten Lehren und Methoden der Weisheit und der Regierung von kontingenten Taos sprechen; auch, daß unsere Sprache tatsächlich nur relative Wahrheiten ausdrücken kann und nicht das Absolute, für das es nicht einmal einen passenden Namen gibt. Lao-tzu macht damit deutlich, daß in seinem Buch nicht über diese höchste Wirklichkeit gesprochen werden kann, sondern lediglich über die Geheimnisse, die Offenbarungen, die die sichtbare und die unsichtbare Welt betreffen. Allerdings tauchen diese Geheimnisse, diese Offenbarungen aus den Tiefen des nicht zu Erkennenden auf. Und dieses entbehrt nicht eines mystischen Zugangs, durch den man irgendwie in es eindringen kann. Oder richtiger, das Absolute offenbart sich in vielfältiger und abgestufter Weise der Intuition des Menschen. Dieser gewinnt so eine mehr oder minder tiefdringende Erkenntnis der Wirklichkeit, je nach dem von ihm erreichten Grad der Weisheit oder Heiligkeit. Das *Tao-tê-ching* verheißt ihm nicht, daß er das Ende dieses Weges erreichen wird, aber es fördert seinen Fortschritt, indem es ihn mit oft paradoxen oder rätselhaften Formulierungen zur Meditation anregt. Denn das Buch ist keineswegs ein philosophischer Traktat. Vergeblich wird man in ihm irgendeine Art der Beweisführung suchen. Es liefert nur Ergebnisse, nicht den Weg zu ihnen – den ein jeder auf seine Weise finden muß.

Das Tao wird mitunter als ein »Wesen« (so z.B. im oben

zitierten Kapitel 25) bezeichnet, jedoch als ein geheimnisvolles Wesen, das, sobald wir versuchen, es mit den Sinnen zu erfassen, sich uns entzieht:

Ich blicke hin und sehe nichts und nenne es das nicht Unterscheidbare *(i)*. Ich höre zu und vernehme nichts – ich nenne dies das Schweigende *(hsi)*. Ich taste und fasse nichts – und nenne dies das Subtile *(wei)*. Keine der drei Erfahrungen bringt mir eine Antwort; ich finde nur das ununterschieden Eine.

Dieses ist weder oben leuchtend noch unten finster. In Ermangelung jeder Unterscheidung kann man ihm keinen Namen geben, denn es ist bereits in den Bereich eingetreten, in welchem es keinen sinnlich wahrnehmbaren Gegenstand gibt. (Kap. 14)

Deuten diese Worte nicht auf eine jener Phasen in der Erfahrung des Mystikers hin, der, um dem Absoluten zu begegnen, zunächst das Nichts erfahren muß? Er muß radikal auf den Gebrauch seiner Sinne verzichten, und, sollte er versuchen, einen Begriff für das Tao zu finden, so entzieht sich dieses ihm. Denn es ist identisch mit der Ureinheit des Chaos, die der Entstehung der Welt vorangeht. Eben deshalb ist das Tao so reich an Potenzen, an *tê*.

Das Tao ist ein Wesen, das nicht wahrgenommen, nicht erkannt werden kann. Nicht wahrnehmbar, nicht erkennbar, birgt es in sich die Bilder; nicht wahrnehmbar, nicht erkennbar, birgt es in sich die Wesen. Dunkel und finster, birgt es in sich die fruchtbaren Potenzen. Diese Potenzen sind im höchsten Maße neutral. So birgt es in sich die geistigen Potenzen. Seit den ältesten Zeiten bis heute hat sich sein Name von ihm niemals getrennt; so sind aus ihm die Väter hervorgegangen. (Kap 21)

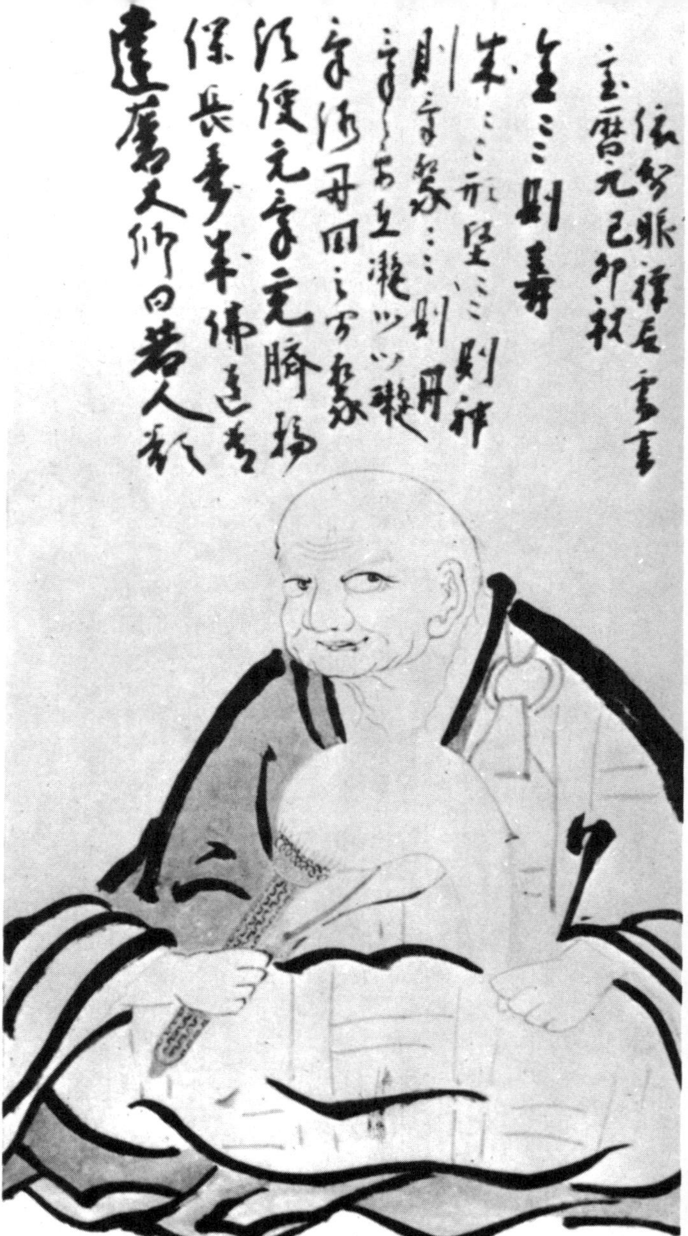

Der Name, der sich niemals vom Tao getrennt hat, ist wohl der beständige Name des 1. Kapitels; die »Väter« sind wahrscheinlich die Ahnen der großen Familien oder, allgemeiner, die Ahnen aller Wesen auf dieser Erde.

Im Kapitel 62 wird das Tao als »Speicher der Zehntausend Wesen« bezeichnet. Im Kapitel 4 nennt man es ihren »Ahnen, der älter ist als die Oberen Gottheiten, älter als die Herrscher *(ti)* der Himmel«.

Eigentlich sollten wir nicht, wie wir es bisher taten, vom Tao des Lao-tzu als einem Neutrum sprechen, denn wir werden gleich sehen, daß es sich als eine im Grunde weibliche Wesenheit darstellt.

Das Motiv der Mutter

Das Tao wird häufig als die Mutter bezeichnet, als die gebärende und nährende Mutter der Wesen. So erscheint im 1. Kapitel das Tao in seiner benamten und erfahrbaren Modalität als »die Mutter der Zehntausend Wesen«. Der Kommentator Wang Pi erklärt diese Stelle unter Verweis auf das Kapitel 51, in dem es heißt, daß das Tao die Wesen hervorbringt und das Tê sie ernährt und wachsen läßt. Für Wang Pi tritt diese Wirkung des Tao, nämlich sein Tê, ein, wenn das Prinzip Gestalt angenommen hat, und einen Namen. In den Kapiteln 25 und 52 hingegen wird das Tao als erster Ursprung »die Mutter der Welt« genannt. Im Kapitel 20 stellt der (taoistische Heilige) Lao-tzu Vergleiche zwischen sich und dem Gemeinen an, welch letzterer sich der Güter der Welt erfreut, während er selbst in der Bedürftigkeit lebt und sich damit begnügt, »an der Brust seiner Mutter zu saugen« – was bedeuten soll, daß er seine Lebens- und Geistesenergie (für die alten Chinesen fielen beide zusammen) aus dem Tao schöpft. Wir werden sehen, daß diese Art von »Nahrung« wenn nicht die Unsterblichkeit, so zumindest ein langes Leben gewährt.

Wenn das Tao auch die Wesen hervorbringt, so wird doch diese Hervorbringung nicht immer als eine direkte Zeugung verstanden. Im 1. Kapitel wird unterstellt, daß aus dem Höchsten Tao *(ch'ang-tao)* das *wu* und das *yu*, das Unsichtbare und das Sichtbare, hervorgehen, anschließend die Zehntausend Wesen; oder auch, daß aus dem *hsüan*, dem Höchsten Tao, nacheinander das *wu* (das Tao *natura naturans*), das *yu* (Himmel und Erde) und die Zehntausend Wesen hervorgehen. Im Kapitel 42 wird diese Entstehung der Welt folgendermaßen dargestellt:

> Das Tao brachte Eins hervor; Eins brachte Zwei hervor; Zwei brachte Drei hervor; Drei brachte die Zehntausend Wesen hervor.

In diesem Text wird die Entstehung der Welt vom Tao bis zu den gestalthaften Wesen dargestellt, wobei die Zahlen auf Unterprinzipien oder Etappen der Genesis hinweisen. Bekanntlich bedienen sich die Chinesen gern der Zahlen, um nicht Quantitäten, sondern Qualitäten anzugeben. Nun könnte es hier auf den ersten Blick verwundern, daß das Tao die Eins hervorbringt, denn Eins, Symbol der Einheit-Ganzheit, steht doch schließlich für das Tao selbst, wie wir aus anderen Passus des *Lao-tzu* und der ganzen taoistischen Tradition entnehmen können. Deshalb zögern manche Kommentatoren nicht, den Satz: »das Tao brachte die Eins hervor« als eine Interpolation auszuscheiden, wobei sie auf den *Huai-nan-tzu*[5] hinweisen, in dem der Text des *Lao-tzu* ohne diesen Eröffnungsatz erscheint.

Tatsächlich kann die erwähnte Stelle im *Huai-nan-tzu* als Erklärung unseres Textes herangezogen werden; er rechtfertigt aber nicht eine Korrektur des Kapitels 42. Denn dort wird dargelegt, daß die Aktion des Tao mit der Einheit beginnt, daß jedoch, nachdem diese Einheit nicht das Leben hervorbringen kann, sich in Yin und Yang teilt. Und erst dank der Vereinigung des Yin und des Yang entstehen die Zehntausend Wesen. »Darum heißt es: Die Eins brachte Zwei hervor...« So ist hier der Zitatanfang möglicherweise nur scheinbar weggefallen, denn dem Sinn nach ist er ja in der soeben gegebenen Erklärung enthalten. Aus dieser geht auch hervor, daß der Autor den Satz: »Das Tao brachte die Eins hervor« so versteht, daß die Entfaltung des Tao bei einem Stadium undifferenzierter Einheit seinen Anfang nimmt und daß Stadien oder Etappen Zwei und Drei nur Modalitäten des wirkenden Prinzips sind. Zwei entspricht dem Yin und dem Yang, aber auch dem Himmel und der Erde. Drei, die harmonische Vereinigung der vorangehenden Stadien, entspricht zugleich dem Rhythmus dieser Vereinigung, denn, so heißt es im Text, drei Mondperioden bilden eine Jahreszeit. Trotzdem konnte in den Augen des Verfassers des *Huai-nan-tzu* der Text des *Lao-tzu* in seiner vorliegenden Form noch Anlaß zu Mißverständnissen geben. Eben deshalb hat er ihn wohl im 3. und auch im 7. Kapitel verändert. Dennoch erscheint es mir sicher, daß die heute vorliegende Fassung die richtige ist, wird sie doch durch das folgende Zitat aus *Chuang-tzu*, Kapitel 12, bestätigt:

Am absoluten Anfang gab es das Unsichtbare, *wu;* es gab damals kein sinnliches Ding, keinen Namen. Daraus ging das Eine hervor. Es gab eine Einheit, jedoch ohne Gestalt.

Mit anderen Worten, vor dem Chaos, dem Einen, stellt man sich eine Art absolutes Nichts vor, das Chuang-tzu das *wu* und Lao-tzu das Tao nennt. Dieses Tao ist hier also das *ch'ang-tao* des 1. Kapitels, und das Eine wäre bereits ein »Tao, das man benamen kann«.

Welche Bedeutung auch immer diese Spekulationen und theologischen Feinheiten hinsichtlich der Seinsweisen des Tao haben mögen, sie dürfen nicht unseren Blick auf die zentrale Vorstellung verstellen, nämlich, daß das Tao eine Quelle des Lebens ist und daß ein lebendiger Zusammenhang zwischen den verschiedenen Etappen der Entstehung der Welt besteht; aus diesem Prinzip geht ein Strom des Lebens hervor, der sich von Stufe zu Stufe durch die ganze »Schöpfung« ausbreitet. Deshalb entspricht das Tao dem Ahnherrn oder der Mutter – ohne daß mit diesen Ausdrücken irgendeine anthropomorphe Vorstellung unterstellt würde. Ebensogut kann nämlich das Tao durch ein tierisches Weibchen symbolisiert werden:

> Die Gottheit des Tales stirbt nicht; es ist das Dunkle Weibchen. Das Tor des Dunklen Weibchens, dies ist der Ursprung des Himmels und der Erde. Unerkennbar, doch stets gegenwärtig, wer sie gebraucht, erschöpft sie doch nicht. (Kapitel 6)

Diese Stelle, eine der höchst esoterischen des Buchs, wird später dem religiösen Taoismus zur Rechtfertigung verschiedener Praktiken dienen, die wahrscheinlich mit ihrer ursprünglichen Bedeutung nichts zu tun haben. Ebensowenig kann man aber ausschließen, daß dieser Text schon sehr früh, je nach Schule, in verschiedener Weise ausgelegt worden ist. Immerhin ist seine Symbolik leicht zu entziffern, selbst dann, wenn die Wirklichkeit, die sich hinter den gebrauchten Bildern verbirgt, uns nicht faßbar ist.

Es ist möglich, daß die Gottheit des Tals *(ku-shen)* irgendeine mythologische Gestalt von der Art jener gewesen ist, die im »Buch von den Bergen und Meeren« *(Shan-hai-ching)*, d.h. in jener so kostbaren, legendären Geographie des Alten China, vorkommen. So findet man beispielsweise im Kapitel 9 dieses Buchs eine Gottheit des Tals der Aufgehenden Sonne, bei der es sich um einen Wassergott handelt, wohl zu einem Flußlauf gehörend, der in der Tiefe eines Tals sich ergießt. Hat Laotzus Gottheit des Tals auch mit dem Wasser zu tun? Wahrscheinlich ja, denn dieses Element spielt in der taoistischen Symbolik eine hervorragende Rolle, und Laotzu selbst verwendet mehrmals das Bild des Tals, das sowohl auf die Leerheit hinweist als auch auf den Ort, an dem alle Gewässer zusammenfließen; es ist ein Symbol des Tao oder des Tê oder, was aufs Gleiche hinausläuft, ein Symbol für die Haltung des Taoisten. In seiner engen Bedeutung bezeichnet das Wort *ku* jedoch einen Gebirgsquell, so daß die Gottheit eines *ku* vor allem ein Quellengeist gewesen sein mag.

Was den Ausdruck »Dunkles Weibchen« *(hsüan-p'in)* anlangt, so deutet er auf die geheimnisvolle Fruchtbarkeit des Tao und stellt zugleich einen Zusammenhang zwischen dieser und der Vorstellung des Tals oder der Höhlung im Gebirge her, denn »Männchen« und »Weibchen« (der Tiere) bezeichnen (vielleicht in der Sprache der Geomantiker) die Vorsprünge oder Vertiefungen eines Ortes.

Der Text dieses 6. Kapitels wird auch im 1. Kapitel des *Lie-tzu* zitiert (wo er allerdings nicht als dem Buche *Lao-tzu* entnommen, sondern aus einer »Schrift des Huang-ti«, des »Gelben Fürsten«, stammend bezeichnet wird), um eine Darlegung zu veranschaulichen, indem

das beständige und einzige Prinzip des Lebens und der
Wandlungen den vielfältigen Wesen gegenübergestellt
wird, die dem Leben und seinem Formenwandel unterworfen sind. Ersteres hat keinen Erzeuger, lebt nicht aus
sich selbst und ist keinen Verwandlungen unterworfen;
die letztgenannten hingegen unterliegen dem Kreislauf
von Geburt und Tod. Dabei versäumt der Autor des
Lie-tzu nicht, darauf hinzuweisen, daß der Lauf des Lebens und der Verwandlungen ebenso wie der Rhythmus
der Jahreszeiten durch das Wechselspiel und das Inein-
andergreifen von Yin und Yang bestimmt werden. Das
Tao hingegen, auch wenn es durch ein Weibchen symbolisch dargestellt wird, ist kein Yin-Wesen, zu dem ein
Yang-Gegenstück gehört. Es ist vielmehr eine »verein-
zelte« *(tu),* »vollständige« und »selbständige« Einheit.
So kommt es, daß dieses Weibchen als *hsüan,* »dunkel«,
mystisch bezeichnet wird. Es ist der Geist der Leerheit,
symbolisch dargestellt als Tal. *Shen* wird im *I-ching* als
das definiert, dessen Yin und Yang nicht auszuloten ist.
So gesehen partizipiert jedes als *shen* (»göttlich, geistig«)
qualifizierte Wesen an der undifferenzierten Natur des
Tao. Hinzu kommt, daß ebenso wie das Bild des Tals oder
der Quelle auch das Wort *shen* die Vorstellung der
Fruchtbarkeit nahelegt, denn es steht etymologisch zu einem Radikal in Beziehung, der »ziehen« oder »dehnen«
bedeutet. Man glaubte, daß die Geister der Ahnen die
Wehen kreißender Frauen dadurch unterstützten, daß sie
an der Frucht zogen; und sie unterstützten wohl in gleicher Weise auch die Vegetation bei ihrem Austritt aus dem
Boden. Endlich ist das Zeichen *shen* auch graphisch mit
Worten verwandt, die den Blitz und den Donner bezeichnen, jene Phänomene, die als Triebkräfte *par excellence*
der kosmischen Fruchtbarkeit und der Niederkünfte gal-
ten.

So erweist sich der Sinn des Kapitels 6 am Ende doch als weniger unzugänglich, als es zunächst schien. In ihm wird der Gedanke nahegelegt, daß das Tao eine mütterliche Macht sei, ein Schoß, aus dem die sichtbare Welt hervorgegangen ist. In bedeutsamer Weise zitiert der *Huai-nan-tzu* das 42. Kapitel des *Lao-tzu* »Das Tao brachte Eins hervor...« – um eine Beschreibung der zehn Mondperioden der embryonalen Entwicklung einzuführen, womit angedeutet werden soll, daß letztere ein mit der Entstehung der Welt identischer Vorgang sei, wenn ihr auch ein anderer Rhythmus, eine andere »Zahl« zugrunde liegt. Wir begegnen hier einer Grundvorstellung des Taoismus, nämlich, die geeinte und sogleich vielfältige Wirklichkeit ist nichts anderes als ein Lebensprinzip, das bald an einem Punkt zusammengefaßt, bald in der unendlichen Vielfalt der Wesen, in denen es sich in einzelne Lebensfunktionen auflöst, zerstreut erscheint. Es ist ganz normal, daß bei einer solchen Vorstellung des Universums die Kategorie der Geschlechtlichkeit eine hervorragende Rolle spielt. Doch bleibt bei Lao-tzu und den Autoren des Altertums die Vorstellung des Geschlechts im philosophischen und symbolischen Bereich – und nichts berechtigt zur Annahme, daß in den Kreisen dieser Mystiker sexuelle Techniken in der Weise eine besondere Rolle gespielt hätten, wie dies später in bestimmten taoistischen Sekten der Fall sein sollte.

Die Leerheit

Bei Lao-tzu hängt die Vorstellung einer Mutter, eines Weibchens, eines mystischen Schoßes eng zusammen mit der der Leerheit. Die Leerheit, die stets eines der großen Motive des taoistischen Denkens bleiben sollte, wird in den Kapiteln 5 und 11 in dichterischer und symbolischer Weise beschrieben:

Der Raum zwischen Himmel und Erde ist vergleichbar einem Blasebalg! Dieser ist leer, doch unerschöpflich. Bewegt er sich, so bringt er unablässig hervor. (Kapitel 5)
Die dreißig Speichen eines Rades haben eine einzige Nabe gemeinsam. Auf ihrer Leerheit beruht die Wirksamkeit des Wagens. Bildet man aus Lehm ein Gefäß, so beruht dessen Nutzen auf seiner Leere.
Man baut ein Haus mit Türen und Fenstern. Auf der Leere (der Öffnungen) beruht der Nutzen des Hauses. Nun glauben wir zwar, daß uns die sinnlichen Dinge Nutzen bringen, das Wahrnehm- und Fühlbare *(yu)*. Aber tatsächlich beruht der wirkliche Nutzen auf dem, was wir nicht wahrnehmen (auf der Leerheit *wu*). (Kapitel 11)

Die Leerheit ist also nichts anderes als das *wu*, das Fehlen sinnlich wahrnehmbarer Eigenschaften, das charakteristisch für das Tao ist. Diese Leerheit ist nützlich und wirksam, weil sie, vergleichbar dem Blasebalg, in der Lage ist, beliebige Kraft zu erzeugen. Damit wird der gleiche Gedanke ausgedrückt, dem wir bereits im Zusammenhang mit dem Symbol des Tales begegnet sind. Die Leerheit ist wirksam und nützlich auch deshalb, weil sie, wie die Nabe, das Geschirr oder das Haus, ein Gefäß ist. Das Bild der 30 Speichen, die in der Leere der Nabe zusammenlaufen, wird oft als Symbol für die Tugend des Anführers gebraucht, welcher alle Wesen anzieht; als Symbol auch für die beherrschende Einheit, die um sich die Vielfalt anordnet. Andererseits kann dieses Bild auch für das Wesen des Taoisten stehen, der durch seine Leerheit, d.h. von Leidenschaften und Begierden befreit, ganz vom Tao ausgefüllt wird oder, wie Ho-shang-kung es lieber formuliert, von Lebensgeistern, die den Körper beleben:

In der Leerheit, die zwischen Himmel und Erde herrscht, kreist der harmonische Odem (eine ausgeglichene Mischung von Yin und Yang), und die Zehntausend Wesen entstehen von selbst. Vermag also der Mensch sich von seinen Leidenschaften zu befreien und den Genüssen zu entsagen, seine Eingeweide zu reinigen, so können spirituelle Mächte *(shen-ming,* Geister und Seelen, die vom Himmel und von der Erde kommen) in ihm friedlich Wohnung nehmen. (Kommentar zu Kapitel 5)

Das Gesetz der Wiederkehr

Die Wesen gehen aus dem Tao hervor, sie sind seine Kinder (Kapitel 52). Aber sie müssen auch unweigerlich in es zurückkehren. Wir begegnen hiermit einer anderen zentralen Vorstellung des *Tao-tê-ching,* die vor allem im Kapitel 16 ausgesprochen wird:

Nachdem ich die vollkommene Leerheit erreicht habe und die Stille stetig bewahren kann, vermag ich die Wiederkehr der sich regenden Zehntausend Wesen wahrzunehmen.

Von all diesen wimmelnden Wesen kehrt ein jedes zu seiner Wurzel zurück. An seine Wurzel zurückgekehrt, ist es still. Hat es die Stille erreicht, ist es in seinen Urzustand zurückgekehrt. Die Rückkehr zum Urzustand ist das allgemeine Gesetz. Das allgemeine Gesetz kennen heißt erleuchtet sein. Es verkennen, heißt vergeblich wirken und das Unglück auf sich ziehen.

Die Kenntnis des allgemeinen Gesetzes ist Verstehen. Verstehen führt zur Unparteilichkeit. Unparteilichkeit ist Vollkommenheit. Der Vollkommene ist dem Himmel vergleichbar mit dem Tao identifiziert. Wer sich mit dem Tao identifiziert, vermag lange zu währen und fürchtet bis an das Ende seiner Tage keine Gefahren.

Vergleichbar den Blättern, die im Herbst auf die Wurzeln des Baumes fallen, wo sie wiederum zu Humus geworden, dann zu Saft, in den Zyklus des Lebens zurückkehren, ebenso tauchen die lebendigen Wesen unter der Wirkung des kosmischen Rhythmus in der sichtbaren Welt auf, um dann wieder in den Bereich des Unsichtbaren zurückzukehren. Der Heilige allerdings stellt sich von vorneherein außerhalb dieses Kreislaufs, denn er ist vollkommen geleert und still, und er besitzt eine geistige Helle, durch welche er sich von den anderen Wesen unterscheidet. Frei von jeder Parteilichkeit reagiert er unvoreingenommen auf alle Wirkungen und identifiziert sich mit dem Himmel und dem Tao. Er vermag dann – im Text heißt es nicht, »ewig zu leben«, aber – zumindest ohne Sorgen.

Die Rückkehr aller Dinge an ihren Ausgangspunkt ist universelles Gesetz, denn es ist das ureigene Gesetz des Tao der Natur:

Wiederkehr ist die Bewegung des Tao. Schwachheit ist die Wirkkraft des Tao.

Alle Wesen dieser Welt entstehen aus dem Sichtbaren *(yu);* aus dem Sichtbaren entsteht das Unsichtbare *(wu)*. (Kapitel 40)

Nach einer seiner Modalitäten ist das Tao also wesens-

mäßig Bewegung. Dank dieser Bewegung gibt es die Wesen und das Leben. Ohne sie gäbe es stets nur die undifferenzierte Einheit. Erst durch die Bewegung, die Verwandlung ist, vermag diese Einheit zur Vielfalt zu werden und dabei dennoch im Grunde ihre Einheit zu bewahren, die das Prinzip jeder Wirksamkeit allen Lebens ist (Kapitel 39). Deshalb wird die Bewegung des Tao, d.h. sein Operationsmodus als ein Kreislauf beschrieben, der uns an die rituellen Umzüge des Altertums erinnert, von denen schon die Rede war:

Es gibt ein eigenschaftsloses Wesen (vgl. S. 57).

Es bewegt sich durch die ganze Welt, ohne jemals aufgehalten zu werden. Man darf es als die Mutter dieser Welt betrachten... Möchte man ihm unbedingt einen Namen geben, so ist dieser »Groß« (das Unermeßliche). Als Unermeßliches entfernt es sich. Es erreicht seinen Höhepunkt; es kehrt zurück... (Kap. 25)

Im *I-ching* (»Buch der Wandlungen«) symbolisiert das Hexagramm *fu,* die »Wiederkehr«, eine Yang-Linie unter fünf Yin-Linien, die Wiedergeburt des Yang. Zur Zeit der Wintersonnenwende scheint dieses verschwunden zu sein, während das Yin auf dem Höhepunkt seiner Expansion ist. Gerade dann aber wird das Yang wiedergeboren und beginnt mit seiner Wiederkehr. Analog hierzu ist zur Zeit der Sommersonnenwende das Yang auf dem Höhepunkt seiner Macht und das Yin bereitet seine Wiederkehr vor. Denn der Wechsel von Yin und Yang entspricht einem Gehen und einem Kommen (Wiederkehren).

Die Erscheinung von Leben und Tod der Wesen wird in der gleichen Weise verstanden. Auch hier haben wir einen Wechsel von Yin und Yang, der sich ebenso natürlich und unausweichlich vollzieht wie die Folge der Tage und Nächte. Das Yang regt die Lebenskraft der Wesen an, das Yin hingegen führt sie in ihren Ruhezustand, in den Frieden des Unsichtbaren zurück. Allerdings ist dieses Tao offensichtlich nicht das Höchste Tao; es ist vielmehr das Tao der Natur oder richtiger die ihm innewohnende Aktion *(tê)*, die auf diese Weise beschrieben wird.

Für jeden Chinesen ist die Anpassung an den Rhythmus des Universums die Grundlage der Weisheit. Die Ziele des taoistischen Mystikers indes sind noch weiter gesteckt: Für ihn kommt es nicht allein darauf an, sich durch Ritual oder Hygiene dem Wechsel der Jahreszeiten anzupassen. Er möchte sich dem Determinismus von Leben und Tod entziehen, indem er ihn transzendiert. Dies gelingt ihm durch die in sich selbst verwirklichte Leerheit. In ihr nimmt er nicht nur die Wiederkehr der Wesen zu ihrem Ursprung wahr, sondern er geht ihnen voran:

> Die dunkle Tugend *(hsüan tê)*, wie tief, wie fern ist sie doch! (Wer sie besitzt) kehrt mit den Wesen (zum Ursprung) zurück. Dann gelangt er zum Großen Einklang (mit dem Höchsten Tao). (Kapitel 65)

Die vollkommene Tugend (das Tê) wird als dunkel *(hsüan)* qualifiziert, genau wie das höchste Prinzip selbst. Wer sie besitzt, hat Teil an der belebenden Wirkkraft des Tao. Ihn nennt Lao-tzu einen *sheng-jen,* einen »Heiligen«.

Der Heilige

Rückkehr zum Ursprung lautet das beständige, allen Wesen gemeinsame Gesetz. Wer dieses Gesetz kennt, besitzt ein Wissen höherer Art, das Lao-tzu *ming*, d.h. Helligkeit, Erleuchtung nennt. Allerdings begnügt sich der Heilige nicht mit dem verstandesmäßigen Erfassen dieses Gesetzes; er verwirklicht es zutiefst, indem er selbst in das Tao zurückkehrt. Diese Rückkehr hat geistige Bedeutung, geht es bei ihr doch darum, sich mit dem Tao zu identifizieren, indem man in sich selbst dessen Einheit, Einfachheit, Leerheit verwirklicht.

Kritik der Erkenntnis und Moral

Die Kenntnis des Tao ist keine gewöhnliche Erkenntnis. Die Taoisten verurteilen Wissenschaft als etwas Gefährliches, ist sie doch Anlaß der Zerstreuung, sie, die in das Sein die Vielfalt einführt. Um die Einheit und Einfachheit zu bewahren oder wiederherzustellen, um gegen die Verführungen der diskursiven Wissenschaft sich zu wappnen, bedarf es einer geistigen Reinigung. Diese nimmt ihren Anfang bei einer Disziplinierung der Sinnesorgane und der Leidenschaften, denn:

Die Fünf Farben bewirken, daß die Augen nicht mehr sehen.

Die Fünf Töne bewirken, daß die Ohren nicht mehr hören.

Die Fünf Geschmacksrichtungen nehmen dem Mund sein Unterscheidungsvermögen.

Fahrten und Jagd verwirren den Geist des Menschen.

Seltene Güter behindern das Tun des Menschen. (Kapitel 12)

So wird also von Taoisten ein gewisses Maß der Enthaltsamkeit gefordert. Er muß nicht dem normalen Gebrauch der Sinne entsagen, wohl aber diese maßvoll einsetzen. Nach den Vorstellungen der chinesischen Physiologie entsprechen die Sinnesorgane auch »Öffnungen«, durch welche unwillkürlich ein Lebensfluidum entweicht, wenn diese nicht sorgfältig überwacht werden. Leidenschaften sind eine Ursache für den Verlust von Lebenskraft, der zugleich ein Verlust von Seele ist. Denn, wie Ho-shang-kung den soeben zitierten Passus erläutert, unter den geschilderten Umständen verliert man auch das Licht des Geistes zugleich mit der Fähigkeit, die Stimmen des Schweigens zu vernehmen, und man nimmt nicht mehr »den Geschmack des Tao« wahr.

Im Gegensatz zu den Konfuzianern, für die das Studium eine der Grundlagen ihrer Moral ist, verurteilt Lao-tzu das gelehrte Wissen und vor allem jene falsche Wissenschaft der Werte, die von Moralisten und Ritualisten gelehrt wird. Jene stellen als etwas Absolutes Werte vor, die ebenso relativ sind wie die Vorstellungen von Kurz und Lang. Schlimmer noch, jede Setzung in dieser Richtung ruft eine Gegensetzung hervor:

Wenn in dieser Welt jeder Schönes als schön erkennt, so ist damit auch die Häßlichkeit gesetzt. Wenn jeder

das Gute als gut erkennt, so ist damit auch das Nicht-
gute gesetzt. Ähnlich bedingen sich Vorhandensein und
Nichtvorhandensein, bilden sich Schwieriges und
Leichtes in wechselseitiger Abhängigkeit. Lang und
Kurz existieren nur aus dem gegenseitigen Vergleich;
Hoch und Niedrig gehören zusammen. Klänge und
Töne resultieren aus dem Zusammenklang, und ein Zu-
vor gibt es nur, wenn ein Danach folgt.

Deshalb verweilt der Heilige im Absichtslosen Tun *(wu
wei)* und übt eine wortlose Lehre. (Kapitel 2)

Diese relativierende Haltung ist nicht der Ausdruck einer
Skepsis, denn wir werden sehen, daß das *wu wei* nicht
etwas allein Negatives ist. Denn die sozialen Werte sind
in den Augen der Taoisten schädliche Vorurteile, weil
durch sie die Wirklichkeit verschleiert wird und wir in
den Teufelskreis der Widersprüche gezogen werden.
Man muß diesen Teufelskreis verlassen, indem man sich
über ihn erhebt. Dazu genügt es, daß man den Perspek-
tivpunkt des Tao einnimmt, in dem alle Widersprüche –
indem sie sich gegenseitig aufheben – ausgesöhnt
erscheinen, denn, so sagt Lao-tzu, das Prinzip ist die
Zuflucht eines jeden Dings und einer jeden Vorstellung:

Das Tao ist der dunkle Winkel der Zehntausend Wesen. Es ist das Kleinod des Gütigen und die Zuflucht
des Schlechten. (Kapitel 62)

Alle Wesen gehen aus dem Tao hervor und kehren in es
zurück. Deshalb ist es ihr gemeinsamer Winkel oder
»Getreidespeicher«: An dieser Stelle haben wir mit
»Winkel« ein Wort *(ao)* übersetzt, das die Südwestecke
des Hauses bezeichnet, einen dunklen Ort, in dem man
das Getreide aufbewahrte und in dem auch die Herrin
des Hauses schlief. In der Behausung der Bauern han-

delte es sich also um einen besonders geheiligten Ort, der in engem Zusammenhang mit dem Leben und der Fruchtbarkeit der Familie stand. Was für das einfachere Volk der *ao* war, bildete für die Edlen der Schatz *(pao)*. Jedes Fürstenhaus hatte einen Schatz, der aus heiligen Kleinodien bestand, und von dem ein schützender Einfluß ausging. Es waren regelrechte Talismane, die das Glück und den Fortbestand der Familie gewährleisteten. Und das Tao ist all dieses: Eine Quelle des Lebens, des Glücks, des Heils – auch für die Schlechten. Denn das Tao (und der Taoist) weist niemanden zurück, denn für es (für ihn) gibt es tatsächlich keine Guten und Bösen:

> Insofern der Heilige stets ein guter Erretter der Menschheit ist, verwirft er keinen Menschen. Indem er stets ein guter Erretter der Wesen ist, verwirft er kein Wesen. (Kapitel 27)

Tugend stellt für den Schlechten einen Anziehungspol, eine Zuflucht dar. Durch sie wird er zum Guten bekehrt, ohne daß er sich dessen bewußt wird. Die Vertreter der anderen philosophischen Strömungen, die davon überzeugt sind, im Besitz der Wahrheit zu sein, nehmen keine solche Haltung ein; vielmehr verwerfen sie alles, was ihnen widerspricht. Deshalb stellen z.B. die von den Konfuzianern vertretenen Tugenden nur Entartungen des Tao dar.

> Nachdem das Große Tao verworfen war, traten die Tugenden der Menschlichkeit und Rechtlichkeit auf. Wenn Kluge und Scharfsinnige auftreten, gibt es die großen Täuschungen.
> Wenn in den Familien keine Eintracht mehr herrscht, treten die pietätvollen Söhne auf.
> Wenn der Staat in die Anarchie abgleitet, treten die loyalen Untertanen auf.

Verzichten wir also auf die Weisheit, verwerfen wir das gelehrte Wissen – und das Volk wird daraus hundertfachen Nutzen ziehen.

Verzichten wir auf die Menschlichkeit, verwerfen wir die Rechtlichkeit – und das Volk wird zur wahren Güte zurückfinden.

Verzichten wir auf die Schlauheit, verwerfen wir das Streben nach Gewinn, so wird es keine Diebe und Räuber mehr geben.

Nun fehlt noch etwas zu diesen drei Ratschlägen, weshalb ich noch folgendes ergänzen möchte: Geben wir uns ohne äußeren Glanz, bewahren wir unsere ursprüngliche Einfachheit. Mindern wir unsere persönlichen Wünsche und unsere Begierden. Verzichten wir auf das gelehrte Wissen, um so sorgenfrei zu leben. (Kapitel 18 und 19)

Menschlichkeit *(jen)* und Rechtlichkeit *(i)* sind die beiden großen Tugenden der Konfuzianer, die bei Menzius zur Grundlage der aristokratischen Ethik oder zumindest zur Ethik der konservativen Aristokratie werden. Aktive Wohltätigkeit, Gerechtigkeit (d.h. die Achtung der Sitte, der Rechte und der Pflichten), die Einsicht (in die moralischen und rituellen Werte), die Kindesehrfurcht (und in diese einbegriffen die Pflichten des Ahnenkults), die Loyalität (gegenüber dem Fürsten) – all dies sind Verhaltensweisen und Begriffe, die dann entbehrlich würden, wenn die Menschen es verstünden, ihr Verhalten der natürlichen Ordnung anzupassen. Indem sie sich vom Tao entfernen, geraten sie auf eine schiefe Ebene, die sie stufenweise in die moralische und politische Anarchie führt.

Der Mensch von höherer Tugend ist nicht tugendhaft; deshalb besitzt er Tugend. Der Mensch von niederer Tugend verliert niemals die Tugend; deshalb hat er keine Tugend. Der Mensch von höherer Tugend handelt nicht; deshalb gibt es nichts, das er nicht vollbrächte. Der Mensch von niederer Tugend trachtet zu handeln; deshalb passiert es, daß er nichts vollbringt. Der Mensch von höherer Menschlichkeit sucht zu handeln; aber er findet keinen Anlaß zu handeln. Der Mensch von höherer Gerechtigkeit sucht zu handeln, und er findet Gründe für das Handeln.

Der Mensch der Riten sucht zu handeln und, da er keinen Widerhall findet, krempelt er die Ärmel hoch und ergreift die Menschen.

Wenn man das Tao verloren hat, hält man sich an das Tê. Wenn man das Tê verloren hat, hält man sich an die Menschlichkeit. Wenn man die Menschlichkeit verloren hat, hält man sich an die Gerechtigkeit. Wenn man die Gerechtigkeit verloren hat, hält man sich an die Riten. Die Riten sind nur ein dünner Überzug aus Loyalität und Vertrauen – und der Beginn der Anarchie. Das Vorauswissen ist vom Tao nur der Glanz und von der Torheit der Anfang. Deshalb wählt ein rechter Mann das Solide und nicht das Dünne, das Eigentliche und nicht den äußeren Glanz. (Kapitel 38)

Lao-tzu operiert hier mit den verschiedenen Nuancen des Wortes Tê. Das höhere Tê unterscheidet sich faktisch kaum vom Tao, dessen Wirkkraft es ja ist. So besitzt auch der Heilige keine andere Tugend als eben dieses höhere Tê. Also besitzt er keine Tugend, mithin kein Verdienst, das ihm persönlich zukäme. Der Mensch niederer Tugend hingegen rühmt sich (worauf Wang Pi hinweist) der Tugenden, eben jener konfuzianischen Tugenden, die in den Augen des Gemeinen schlechthin das Gute darstellen. Aber wir wissen ja, daß der Begriff des Guten auch den des Nichtguten unterstellt und hervorruft. So kommt es, daß jener, »indem er die Tugend niemals verliert«, sich tatsächlich vom Tao entfernt. Wenn allerdings das Tao der absoluten Vollkommenheit entspricht und der Eigenschaftslosigkeit des Uranfangs, dann erscheint bereits das höhere Tê als etwas weniger Vollkommenes, ist es doch der Anfang für einen Abstieg in die Tugenden, d.h. in die Vielfalt. Die höchste dieser Tugenden, die Menschlichkeit *(jen)*, die in ihrer höheren Ausprägung dem minderen Tê nahekommt, entspricht bereits einer Aktivität, allerdings noch einer unspezifischen Aktivität, einer Aktivität ohne bestimmten Anlaß; sie ist mithin nicht auf bestimmte Objekte gerichtet. Dieses *jen,* diese Menschlichkeit, so erklärt nun Wang Pi, verfällt ihrerseits, wenn sie sich in bewußtem Tun, das auf bestimmte Objekte gerichtet ist, äußert. Dabei entsteht eine noch minderwertigere Tugend, die berechnende Großzügigkeit, die »Gerechtigkeit« und, noch tiefer als diese, der Sinn für das Ritual, bei dem die Handlungen allein durch das Bemühen um schöne Gebärden, Schicklichkeit und Etikette bestimmt werden. Tatsächlich sind die Riten das vollkommene Gegenteil des taoistischen Ideals, dienen sie doch zur Aufrichtung von Unterscheidungen, zur Trennung der Wesen, kurzum dazu, jedem Wesen einen bestimmten Platz zuzuweisen. Die Riten verfestigen also in den Beziehungen der Menschen untereinander und in den Beziehungen der Menschen mit der Welt eben jene künstlichen Wertordnungen, die nach der offiziellen Lehre als geheiligt und unantastbar vorgestellt werden.

Deshalb kommt es zuvorderst darauf an, das falsche Wissen und die falschen Erkenntnisse zurückzuweisen, jene Erkenntnisse, die stets nur von anderen übernommen wurden – in der Absicht, über sie Macht auszuüben. Die

wahre Heiligkeit hingegen besteht in der Selbsterkennt-
nis (Kapitel 33). Hat er diese, so vermag der Taoist
ohne aus seiner Tür zu treten, die ganze Welt zu kennen, ohne zum Fenster hinauszublicken, das Himmlische Tao wahrzunehmen. Je weiter man geht, um so
weniger erkennt man. Deshalb erkennt der Heilige,
ohne zu reisen, benennt er ohne zu sehen, vollendet er,
ohne zu tun. (Kapitel 47)

Von hier aus wird verständlich, weshalb der Taoist, der
für seine Person alles falsche Wissen zurückweist, ebensowenig die Verbreitung von Lehren billigen kann. Im
Kapitel 3 stellt Lao-tzu fest, daß die Regierung des Heiligen in »der Entleerung der Herzen« (= des Bewußtseins
der Menschen), in der Anfüllung der Bäuche, der Schwä-
chung des Willens und Stärkung der Knochen und darin
besteht, daß das Volk ohne Wissen und ohne Begierden
bleibt. Diese Formulierung mag hart klingen, ist jedoch
aus der Abneigung zu erklären, die die Quietisten angesichts der zahlreich emporwuchernden Lehren aller Art
empfanden, durch welche die Geister entzweit und Zwistigkeiten entfacht wurden. Mit »dem Volk« ist hier
schwerlich die Masse der Bauern gemeint, sondern die
Adeligen und die Philosophen, denn nur unter ihnen –
und nicht beim niederen Volk – breiteten sich die neuen
Ideen und Strebungen aus. »Die Bäuche füllen ... die
Knochen stärken« darf hier nicht als ein sozialwirtschaft-
liches Programm verstanden werden, sondern ist eine
Anspielung auf die Übungen des Langen Lebens. Der
Ausdruck »die Bäuche füllen« hat im Chinesischen keine
abwertende Bedeutung. Es war ein Vorrecht der Aristo-
kratie, wohlgenährt zu sein; und Leibesfülle wurde in
China immer mit Respekt betrachtet. Was endlich die
»Knochen« anlangt, so waren sie nach den Vorstellungen

des Altertums der Sitz der subtilsten und kostbarsten Lebenskräfte. So weist denn auch Ho-shang-kung darauf hin, daß die geschlechtliche Enthaltsamkeit zu einer Fülle des Marks und zu kräftigen Knochen führt.

Das 3. Kapitel des *Tao-tê-ching* enthält also ganz schlicht die Feststellung, daß es notwendig ist, sich den gefährlichen Verlockungen einer überorganisierten Gesellschaft zu entziehen, um die ursprüngliche gesunde Einfachheit wiederzugewinnen. Dabei bildet der Bauch das zentripetale Gefäß der Organe der Ernährung und der Lebenskräfte und das Gegenstück zum Herzen, dem zentrifugalen Sitz des Verstandes, der Willenskraft, der Begierden.

Das Wu-wei

Wir sind bereits wiederholt dem Ausdruck *wu wei* begegnet, der wörtlich heißt »Nichtvorhandensein von Tun«, »Nichttun«. Doch ebensowenig wie *wu* ein absolutes Nichts bezeichnet, wird mit *wu wei* ein Ideal des absoluten Nichtstuns, der absoluten Aktionslosigkeit ausgedrückt. Im Gegenteil, *wu wei* entspricht einer im höchsten Grade wirkkräftigen Haltung, aus der jede Wirkung möglich ist.

Wer sich dem Studium widmet, wächst jeden Tag (hinsichtlich seiner Anstrengungen, seiner Ansprüche).

Wer sich dem Tao widmet, nimmt jeden Tag ab (hinsichtlich seiner Aktivitäten, seiner Begierden).

Indem er von Stufe zu Stufe abnimmt, gelangt er zum *wu wei,* zum »Nicht (mehr) Handeln«. Indem er nicht mehr handelt, gibt es nichts, das er nicht bewirkt. (Kapitel 48)

Indem der Taoist sich auf das *wu wei* zurückzieht, ahmt

er das Tao selbst nach, dessen Wirkkraft gerade durch
dessen »Aktionslosigkeit« universell ist.

Das Tao ist beständig ohne Aktion *(wu wei)*, wodurch
es nichts gibt, was nicht geschieht. (Kapitel 37)

Es gibt nichts, das das Tao nicht verwirklicht, denn es ist
nichts anderes als die universelle Spontaneität. In der Natur geschieht alles ohne besonderen Eingriff, wie ein solcher z.B. von einer Gottheit oder einer Vorsehung ausgehen könnte. Deshalb hütet sich auch der Heilige, in
den Gang der Dinge einzugreifen. Er läßt jedem Wesen
die Möglichkeit, sich im Einklang mit seiner eigenen Natur zu entfalten. So erzielt er die besten Ergebnisse.
Wichtig ist, daß auch der Fürst sich als Taoist verhält. An
ihn denkt Lao-tzu sehr wohl, denn die Mehrzahl der im
Tao-tê-ching enthaltenen Aphorismen sind Maximen für
die gute Regierung. So heißt es im Kapitel 37 im Anschluß an den soeben zitierten Satz:

Wenn die Herren und die Könige sich daran halten
könnten (nämlich an diese Haltung des Nichteingreifens nach dem Vorbild des Tao), würden die Zehntausend Wesen sogleich von sich aus ihrem Beispiel folgen. Wenn dann Leidenschaften aufträten, so bändigte
ich sie durch die Schlichtheit des Namenlosen; dann
wären sie ohne Begierden. Wären sie ohne Begierden,
wären sie ruhig und der Frieden würde sich von selbst
einstellen. (Kapitel 37)

Deshalb sollte der Fürst seine Gegenwart vergessen machen:

Der beste (der Fürsten) ist jener, von dessen Existenz
man nichts weiß; gut ist jener, den man liebt und
preist; gut ist auch noch jener, den man fürchtet; weniger aber jener, den man verachtet. (Kapitel 17)

Wer strebt, über dem Volk zu stehen, muß sich ihm in

Worten unterordnen. Wer danach strebt, es zu führen,
muß ihm nachfolgen.

Auf diese Weise herrscht der Heilige, ohne daß das
Volk unter seinem Gewicht zusammenbricht; er führt,
ohne daß das Volk Schaden davon hat. (Kapitel 66)

Ohne das *wu wei* gibt es kein wahres Gelingen, denn jeder
absichtsvolle Eingriff in den Gang der Dinge ist unfehlbar
früher oder später zum Scheitern verurteilt.

Wer nach der Macht strebt und diese durch aktives
Tun zu erreichen hofft, dessen Scheitern sehe ich voraus. (Kapitel 29)

Damit warnt Lao-tzu die Ehrgeizigen. Die Herrschaft,
die sie zu gewinnen trachten, ist vergleichbar einem
kostbaren Gefäß, bei dem man, wenn man es in die Hand
nimmt, stets fürchten muß, daß es zerbricht.

Ein großes Land regieren ist wie das Bereiten einer
Fischsuppe (d.h. man darf nicht zuviel in ihr herumrühren). (Kapitel 60)

An anderer Stelle (Kapitel 57) weist Lao-tzu darauf hin,
daß das Gesetz den Räuber hervorbringt.

Indem der Heilige sich jeder aktiven Einmischung enthält,
ist er im Einklang mit dem Gesetz der Natur, im
Einklang mit »dem Himmlischen Tao, das ohne zu
kämpfen obsiegt« (Kapitel 73). Denn Lao-tzu möchte
den Fürsten davon überzeugen, daß das *wu wei* und die
Gewaltlosigkeit die wirksamsten Mittel sind, um die
Macht zu gewinnen und zu bewahren. Nachdem jede
Aktion eine Reaktion hervorruft, muß als normales Gegenstück
einer dem Anschein nach wohltätigen Unternehmung
Schaden auftreten. Allein durch die natürliche
Wirkung des Himmlischen Tao wird eine solche Folge
vermieden:

Das Tao des Himmels mindert den Überfluß und

mehrt dort, wo Mangel herrscht. Das gleiche gilt nicht für das Tao des gewöhnlichen Menschen: Dieser nimmt dem noch, der schon Mangel hat, um es jenem darzubieten, der schon Überfluß hat. Wer also vermag der Welt das zu geben, an dem er Überfluß hat? Allein jener, der das Tao besitzt. (Kapitel 77)

Hier sieht man, daß das *wu wei* kein schlechthin passives Verhalten bezeichnet. Im übrigen geht es im soeben zitierten Text, der ein im chinesischen Altertum ganz außergewöhnliches Ideal sozialer Gerechtigkeit formuliert, weiter:

Deshalb erwartet der Heilige, wenn er handelt, keine Belohnung für sein Handeln. Hat er aber sein Werk vollendet, verweilt er nicht bei seinen Verdiensten, denn er möchte nicht durch seine Begabung glänzen.

Im übrigen gibt es nichts Gefährlicheres als die Eitelkeit, derart, daß das beste Mittel, um den Sturz eines Menschen herbeizuführen, die Aufstachelung seines Stolzes darstellt. (Kapitel 36)

Auch die Soldaten können aus solchen Grundsätzen Nutzen ziehen:

Der gute Krieger ist nicht kriegerisch; der gute Kämpfer ist nicht leidenschaftlich.

Jener, der den Feind am sichersten besiegt, ist jener, der niemanden angreift. Jener, der die Menschen am besten einsetzt, ist jener, der sich ihnen unterordnet.

Solches nenne ich die Tugend *(tê)* der Gewaltlosigkeit, die Kraft dessen, der die Menschen einzusetzen versteht. Das nenne ich es dem Himmel gleichtun. Es dem Himmel gleichtun war das höchste Ideal der Alten. (Kapitel 68)

Seltsamerweise wird die Anwendung von Waffengewalt nur bedingt verurteilt. Der Weise bedient sich ihrer nur in Notwehr, aber er bedient sich ihrer – was nicht ganz mit der Vorstellung übereinstimmt, die wir uns von einem Quietisten machen. Doch darf man nicht vergessen, daß das *Tao-tê-ching* ein heterogenes Gebilde ist, und auch nicht, daß in den dem Fürsten zugedachten Ratschlägen das Ideal des *wu wei* auf die Spitze getrieben wird. Jedenfalls wird dem Krieger Mäßigung geboten.

> Wer mit Hilfe des Tao die Menschen beherrscht, hütet sich, sie selbst durch den Gebrauch von Waffen zu vergewaltigen, denn solches Tun bringt immer Rückschläge.
> Wo ein Heer gehaust hat, wachsen nur noch Dornen und Disteln. Nach langen Kriegen kommen Jahre der Not. Der gute Heerführer hält inne, sobald er sein Ziel, den Sieg, erreicht hat. Er nutzt ihn nicht weiter, um seine Macht zu demonstrieren. Hat er gesiegt, so ist er weder stolz noch eitel noch prahlerisch. Er siegt, weil er nicht anders kann und ohne Machtentfaltung. (Kapitel 30)
> Auch die guten Waffen sind unheilvolle Geräte ... Es sind nicht Geräte für den Weisen. Dieser bedient sich ihrer nur, wenn er nicht anders kann. (Kapitel 31)

Wenn der Krieg sich auch mitunter als traurige Notwendigkeit erweist, so wendet der Heerführer zumindest das *wu wei* als eine Technik an, die ihm einen Sieg verschafft, dessen er sich nicht rühmen wird. Ähnliches gilt für die allgemeine Politik, in der man die Regel anwenden muß, daß man so wenig wie möglich eingreift. Gewisse Eingriffe sind allerdings wohl notwendig, und sei es nur, um jenen der Überaktiven, Überklugen zuvorzukommen,

die Streitigkeiten auslösen, oder den Händlern, deren Interessen dahingehen, daß man »schwer zu gewinnende Güter« begehrt.

Indem man die Begabten nicht auszeichnet, vermeidet man Zwistigkeiten im Volk. Indem man schwer zu erlangende Güter nicht wertschätzt, bewirkt man, daß das Volk nicht stiehlt. Indem man nicht zeigt, was Begierden auslöst, bewirkt man, daß das Bewußtsein des Volkes nicht verwirrt wird. Führt darum der Heilige die Regierung, so leert er die Herzen und füllt er die Bäuche. Er schwächt den Willen und stärkt die Knochen und bewirkt damit stets, daß das Volk ohne Wissen und ohne Begierden ist. Er achtet darauf, daß jene, die Wissen haben, nicht einzugreifen wagen. Übt er so das *wu wei* (das »absichtslose Handeln«), so gibt es nichts, das nicht in seine Ordnung käme. (Kapitel 3)

Fälle, in welche er eingreifen muß, sind somit die Ausnahmen von der Regel, die lautet, daß der Heilige stets die kämpferische Auseinandersetzung verweigert, so daß niemand mit ihm streiten kann. (Kapitel 22 und 66)

Das *wu wei* ist gewiß eine schwer zu beobachtende Haltung, die jedoch jenem, der sie beständig einzunehmen vermag, echte Macht verleiht, denn, so sagt Lao-tzu, der das Paradox liebt, »das Weiche und das Schwache siegen über das Harte und das Starke«. Und weil in der Nachgiebigkeit und Widerstandslosigkeit die Wirkkraft des Tao liegt. (Kapitel 36 und 40)

Diese Vorstellung wird durch verschiedene Symbole weiter veranschaulicht, durch das Wasser, das Tal, den Neugeborenen:

Die größte Güte ist vergleichbar dem Wasser, das unübertroffen darin ist, wie es den Zehntausend Wesen nützt, ohne mit ihnen zu streiten. Es hält sich an die

niederen, von den Menschen verabscheuten Orte. Deshalb ist es dem Tao so nahe... Weil es niemals streitet, kann es niemals irren. (Kapitel 8)

Auf der Welt ist nichts weicher und nachgiebiger als das Wasser. Doch im Besiegen des Harten und Starken wird es durch nichts übertroffen. (Kapitel 78)

An anderer Stelle sind die Niederungen selbst ein Bild des Tao, denn in ihnen fließen die Wasser zusammen:

Daß die Flüsse und Meere über alle Täler herrschen können, liegt daran, daß sie unübertroffen darin sind, deren tiefste Stellen einzunehmen. (Kapitel 66)

Im Zusammenhang mit dem vorangehenden Zitat erklären die Kommentatoren das dort gebrauchte Wort *wang*, »König«, »Herrscher«, durch ein gleichklingendes, das »sich begeben nach«, »sich wenden nach« bedeutet. Der König sei nämlich jener, dem man sich zuwendet; seine Tugend *(tê)* wirkt anziehend, weshalb es ein Zug seines Wesens ist, Menschen und Dinge zu sammeln. Auch der taoistische Heilige besitzt diese königliche Tugend, er zieht die Dinge an und stößt keines zurück. »Ich nenne dies sein unverhülltes Licht«, sagt Lao-tzu im Kapitel 27. Denn dieses Tê, dieser sich um ihn verbreitende Einfluß muß im Verborgenen wirken, ja eigentlich unbewußt bleiben. Er bewirkt das Heil der Menschen und der Wesen, indem er sie so beeinflußt, daß sie zu ihrer eigenen, ursprünglichen Wesenheit finden, weshalb

Die guten Menschen die Meister der (noch) nicht guten Menschen sind und die (noch) nicht guten Menschen das Kapital der guten Menschen darstellen. (Kapitel 27)

Weil man nicht durch das Studium Taoist wird, wirkt der Lehrer in diesem Zitat nur durch sein Tê und sein Beispiel. Mit Tê vergilt er Unrecht und Feindschaft (Kapitel

63), ganz anders als dies Konfuzius etwa empfahl (welcher *tê* im Sinn »menschlichen Verhaltens« deutete), der der Auffassung war, daß es ungerecht sei, Wohltaten unterschiedslos jenen angedeihen zu lassen, die Gutes, und jenen, die Schlechtes tun:

Vergeltet das Böse mit Gerechtigkeit und das Gute mit Gutem.

Hingegen sind die Worte des Lao-tzu nur eine Anwendung seines Prinzips vom *wu wei* und von der Widerstandslosigkeit.

Der Primat des Weiblichen

Wenn der Heilige mithin auf alle Wesen anziehend wirkt, so deshalb, weil er einem niederen und leeren Tal gleicht. Es kommt darauf an, daß er die weibliche Passivität im Innern seines männlichen Wesens bewahrt:

Kenne die Männlichkeit, aber bewahre die Weiblichkeit, so wirst du zum Klammfluß der Welt.

Sei der Klammfluß der Welt und das beständige Tê wird dich nie verlassen; so kehrst du zum Zustand des Säuglings zurück.

Kenne die Weiße, doch bewahre die Schwärze, so wirst du zum Vorbild der Welt.

Sei das Vorbild der Welt, und das Stete Tê wird sich nie von dir trennen; so kehrst du zum Absoluten des Unsichtbaren (wörtlich: zum Gipfel des *wu*) zurück.

Kenne den Ruhm, doch bewahre die Schande; so wirst du zum Tal der Welt.

Sei das Tal der Welt und das stete Tê verleiht dir alles, dessen du bedarfst. So kehrst du zur Einfachheit des unbearbeiteten Holzes zurück.

Nachdem das unbearbeitete Holz erst in eine Vielzahl von Gebrauchsgegenständen verteilt wurde, bedient sich der Heilige dieser, wie ein Amtsvorsteher der Beamten. Deshalb zerschneidet der Große Handwerksmeister nicht. (Kapitel 28)

Die Einfachheit und die Einheitlichkeit des Tao in sich bewahren, wie es einem Tal gleichen, wie es männlich und weiblich zugleich, Yang und Yin zugleich sein und dabei dann von diesen beiden Möglichkeiten der Weiblichkeit den Vorzug geben, weil ihr – anders als es zunächst scheinen mag – die größte Wirkkraft zukommt – solche Ratschläge mußten als überzogene Paradoxa überraschen und schockieren. Tatsächlich hat sich Laotzu, indem er so die Bedeutung des Weiblichen hervorhebt, in direkten Gegensatz zu den überlieferten Vorstellungen begeben. In der Stufenordnung der aus der Lehnszeit überkommenen Werte waren die des Männlichen die geehrteren, die weiblichen hingegen diesen untergeordnet. Das ist wohl nicht immer so gewesen, denn die Mythen und die ländlichen Bräuche lassen erkennen, daß es einmal eine Zeit gab, in der die Gruppe der Frauen eine jener der Männer zumindest ebenbürtige Rolle spielte. Von dieser Ebenbürtigkeit hat sich auch noch etwas in der klassischen Religion bewahrt: Für den Ahnenkult war die Mitwirkung der Gattin des Kultvorstehers erforderlich. Mehr noch, die Begriffe von Paar und von Hierogamie haben einen sehr hohen Stellenwert unter den religiösen Vorstellungen der alten Chinesen. Jede sakrale Macht manifestierte sich in Doppelgestalt, als Männliches und Weibliches, und, wenn im allgemeinen ein Tempel nur die Hälfte eines Paars beherbergte, war es ein Ziel des Kults, dessen Vollständigkeit wiederherzustellen. In einem solchen Fall war es oft besser, sich an

den weiblichen Teil des Paars der Hierogamie zu halten,
weil das Weibliche das Männliche anzieht.

Das gleiche Schema liegt bestimmten schamanistischen
Kulten zugrunde, in denen Priesterinnen auftraten, welche durch kultische Tänze die Herabkunft einer männlichen Gottheit bewirkten, die sich mit ihnen vereinigte.
Es ist kaum zweifelhaft, daß Lao-tzu bei seinem Eintre-
ten für das Weibliche mehr oder weniger bewußt durch
diese alten Vorstellungen beeinflußt worden ist. Sicher
hat er sie in Begriffe gefaßt. Wesentlich ist dabei: Das
vollkommene Wesen ist zugleich männlich und weiblich.
Nachdem die meisten Männer die weibliche Seite ihrer
Natur vernachlässigen oder unterdrücken, entsteht ein
Ungleichgewicht. Gewinnt die männliche Aggressivität
die Oberhand, so leidet jede Äußerung der Lebenskraft
darunter. Die Erlangung echter Heiligkeit erfordert eine
Aufwertung des Weiblichen.

Hier erkennt man, weshalb das *wu wei* des Heiligen eine
überlegene Methode der Regierung darstellt, besteht es
doch darin, den Menschen, allen Wesen und allen Dingen zu gestatten, sich spontan im Einklang mit der natürlichen Harmonie zu entfalten und nicht die Ordnung des
Tao durch künstliche Eingriffe zu stören. Der Heilige
spielt dabei eine zwar passive, sicher aber nicht eine negative Rolle. Er bildet auf dieser Welt einen Pol, der gleichzeitig als Mittelpunkt von Ausstrahlung und Sammlung
wirkt. Denn im Maße, in dem er sich mit dem Tao identifizieren konnte, und im Maße, in dem dieses Weiblichkeit und mütterliche Macht ist, ist er wie dieses Leben,
eine Quelle des Lebens. Deshalb hat auch bei Lao-tzu
und im ganzen Taoismus die Vorstellung von der »Lebenskraft«, die sorgfältig erhalten, genährt, konzentriert
werden muß, eine so große Bedeutung. Denn letzten

Endes entspricht sie dem im Heiligen anwesenden Tao; und aus ihr bezieht er seine Wirkkraft, sein Tê.

Das lange Leben

Die Suche nach dem langen Leben, ja selbst nach der körperlichen Unsterblichkeit, ist für den religiösen Taoismus seit der Han-Zeit charakteristisch. Dabei finden verschiedene Verfahren Anwendung, deren Ziel es ist, die Lebensenergien zu erhalten und die Kräfte des Todes auszutreiben. Waren diese Verfahren – oder zumindest einige von ihnen – bereits früher in den proto-taoistischen Kreisen bekannt und in Gebrauch? Diese Frage ist klar zu bejahen, denn die Philosophen sprechen eindeutig von Praktiken des langen Lebens und in ihren Augen hingen Heiligkeit und Langlebigkeit eng zusammen.

Es ist sicher, daß für den Verfasser des *Tao-tê-ching* Heiligkeit untrennbar zusammenhing mit einer starken Lebenskraft, die allerdings eine potentielle, konzentrierte bleiben muß, denn jede übertriebene Aktivität wäre ein Anlaß zu Energieverlusten:

> Deshalb verwirft der Heilige das Übertriebene, das Verschwenderische, das Extreme. (Kapitel 29)
> Er meidet die Fülle der Kraft und darf sicher sein, daß im Maße, in dem seine eigenen Kräfte verausgabt werden, diese sich erneuern. (Kapitel 15)

Wie Himmel und Erde besitzt er kein anderes Leben als das des Tao, das, wie wir sahen, unerschöpflich ist.

Wenn der Himmel und die Erde lang andauernd sind, so deshalb, weil sie nicht aus Eigenem entstehen. Eben deshalb können sie lange leben. Deshalb auch der Heilige: indem er sich zurücksetzt, gelangt er nach vorn, indem er aus sich selbst heraustritt, bleibt er gegenwärtig. Liegt dies nicht daran, daß er uneigennützig ist? Deshalb vermag er das zu vollenden, woran ihm liegt. (Kapitel 7)

Klüger ist es, seine Lebenskräfte nicht zu verausgaben, als das Leben für etwas besonders Kostbares zu halten und aktiv zu versuchen, die Lebensenergie zu vermehren oder zu bewahren. (Kapitel 75)

Ähnlich wie man in späterer Zeit in taoistischen Sekten an die Möglichkeit glaubte, durch magische Verfahren unverwundbar zu werden, so behauptet schon Lao-tzu, daß es für den Heiligen keinen Tod gebe:

Jeder, der die verborgene Tugend *(han-tê)* in Fülle besitzt, ist vergleichbar dem Neugeborenen: Die giftigen Insekten stechen es nicht, die wilden Tiere greifen es nicht, die Raubvögel schlagen es nicht. Seine Knochen sind nachgiebig, seine Sehnen weich, und dennoch fassen seine Hände fest zu. Es weiß noch nichts von der Vereinigung des Weibchens und des Männchens, und dennoch erhebt sich seine kleine Rute. Welcher Gipfel der Potenz! Es kann den ganzen Tag hindurch schreien und wird nicht heiser; welche Vollkommenheit der Eurhythmie! Wer die Eurhythmie kennt, ist beständig. Wer die Beständigkeit kennt, ist erleuchtet *(ming)*. Jede übermäßige Mehrung des Lebens ist verderblich. Versucht man mit dem bewußten Willen den Odem zu zwingen, erstarrt dieser. (Kapitel 55)

Wir treten mit der Geburt (aus dem Unsichtbaren) hervor und kehren mit dem Tod in es zurück. Und von unseresgleichen sind drei von zehn Gefährten des Lebens, drei von zehn Gefährten des Todes. Und jene Menschen, die, obwohl noch mit Lebenskraft ausge-

stattet, dem Tode zueilen, sind auch drei von zehn an der Zahl. Warum ist das so? Weil sie zu intensiv leben. Ich habe gehört, daß jene, die es verstehen, ihre Lebenskraft zu erhalten, auf Reisen weder Nashörner noch Tiger fürchten und im Heer weder Panzer noch Waffen tragen. Denn das Nashorn würde bei ihnen keine Stelle finden, an der es sein Horn einbohren könnte, der Tiger fände keine Möglichkeit, seine Krallen in sie zu schlagen, dem Krieger gelänge es nicht, sie mit seiner Klinge zu durchbohren. Warum ist das so? Weil es in ihnen keine Stelle für den Tod gibt. (Kapitel 50)

Die »Gefährten des Lebens« sind jene, die die Weichheit und Nachgiebigkeit des Neugeborenen besitzen; umgekehrt sind die »Gefährten des Todes« jene, die in allen Gliedern steif, damit schon die Steifheit der Leichname vorwegnehmen (Kapitel 76). Ist dies nicht auch ein allgemeines Gesetz, das für die Pflanzen gilt? Zu große Starrheit oder zu großes Vertrauen in die eigene Kraft ist stets ein Vorzeichen des Untergangs. Die Gewalttätigen sterben keines natürlichen Todes (Kapitel 42).

Auf diese Weise hat die Weichheit und Nachgiebigkeit, die Lao-tzu im politischen Leben empfiehlt, auch im Leben des Einzelnen ihren Sinn. Will der Einzelne ein langes Leben führen, so muß er umsichtig leben, d.h. im Einklang mit dem Ideal des *wu wei*. So vermeidet er einerseits eine zu starke Verausgabung seiner Lebenskräfte und erhält er sich andererseits die zarte Elastizität, die er bei der Geburt besaß. Leider gibt Lao-tzu nur wenige Hinweise auf die konkreten Methoden des Langen Lebens. Immerhin erwähnt er eine der wichtigsten, nämlich die Beherrschung der Atmung. Diese Methode (von der auch Chuang-tzu spricht) gehörte stets zu den meistzitierten Verfahren des Langen Lebens und umfaßte mehr oder minder komplizierte Übungen. Hier also der Passus des Kapitels 10, in dem von einer Technik des Odems *(ch'i)* die Rede ist:

> Deine Körperseele und deine Hauchseele müssen die Einheit umfangen halten; so vermeidest du, daß sie sich trennen!
>
> Konzentriere deinen Odem und mache ihn weich; so wirst du wie das Neugeborene! Poliere deinen geistigen Spiegel; so machst du ihn ohne Makel! Schone im Regieren das Volk; so kannst du ohne Einmischung bleiben! Öffne und schließe (zu gegebener Zeit) deine himmlischen Tore (die Augen, die Ohren und die anderen Öffnungen); so wirst du deine Weiblichkeit bewahren! Lasse deinen hellen Geist in alle Bereiche des Raums dringen; so kannst du ohne Wissen bleiben! (Kapitel 10)

Die Chinesen glaubten, daß es zwei Seelen oder richtiger zwei Gruppen von Seelen oder Lebensgeistern gebe, von denen die einen yang (die *hun*) und die anderen yin (die *p'o*) waren; die erstgenannten regulierten den Atem und die höheren Funktionen, die zweitgenannten standen im Zusammenhang mit dem Blut, den Knochen und allgemeiner mit dem organischen Leben. Leben und Gesundheit hingen davon ab, daß diese beiden Arten von Seelen in harmonischer Weise miteinander verkehrten. Trennten sie sich, so waren Krankheit und Tod die Folge. »Die Einheit umfassen« heißt, diese Integrität der Persönlichkeit zu erreichen; allerdings muß der Ausdruck auch in mystischer Bedeutung verstanden werden, in dem Sinn, daß man das Tao, das Prinzip der Einheit, umfing, in sich aufnahm, in sich verwirklichte. Deshalb ist die Suche nach dem langen Leben nicht verschieden von der Suche

nach dem Tao; und die körperliche und moralische Hygiene sind zugleich eine Methode des Heils. Wir wissen nicht genau, worin die im soeben zitierten Text erwähnte »Konzentration des *ch'i*« bestand. Es handelt sich wohl um irgendeine Atemtechnik, die darauf abzielte, die im Atem *(ch'i)* enthaltenen Energien zurückzuhalten; auch den Atem ganz leicht und vollkommen geräuschlos ein- und ausgehen zu lassen, all dies jedoch ohne Anspannung des Willens, durch welche, ganz im Gegenteil, der Atem »erstarrt« (Kapitel 55). Was den »geistigen Spiegel« angeht, so ist dies eine Metapher, die in der taoistischen Literatur häufig gebraucht wird, um die geistige Verfassung des Heiligen zu veranschaulichen, der im Zustand vollkommener Stille unverfälscht alle Dinge widerspiegelt.[6] Dieser Gedanke wird auch im letzten Satz wieder aufgegriffen. Wenn dieser Spiegel vollkommen hell ist, erhellt er die ganze Welt, die er spiegelt. Heiligkeit kann nichts anderes als eine ganz innerliche Erleuchtung sein.

Die Mystik

Im Maße, in dem das taoistische Denken diskursive Erkenntnis auf Kosten der Intuition verwirft und die Möglichkeit postuliert, daß eine höhere Stufe der Wirklichkeit durch Stille zu erreichen sei, ist dieses Denken ein mystisches Denken. Wie alle Mystiker versucht auch Lao-tzu nicht, seine Lehre mit vernünftigen Argumenten zu beweisen. Seine Worte sind absichtlich dunkel, mehrdeutig und lassen sich oft auf verschiedenen Ebenen verstehen. So kann etwa die Warnung vor übertriebenem Gebrauch der Sinne und gegen heftige Sportarten (Kapitel 12) einfach als moralischer Rat verstanden werden. Sie bedeutet aber auch, daß Langes Leben eine Askese voraussetzt. Endlich kann man darin auch eine der Stufen auf dem Weg zur Ekstase beschrieben sehen. In der Tat muß die Ekstase durch eine Reinigung der Seele, die von allem entleert werden muß, das nicht Tao ist, vorbereitet werden. Ein ähnlich komplizierter Gedankengang wird anscheinend auch im oben zitierten Kapitel 10 oder im Kapitel 52 entwickelt, in welch letzterem aufgegeben wird, »die Öffnungen zu verstopfen, die Tore zu schließen und – nachdem man sich seiner äußeren Strahlkraft bedient hat – zur inneren Helle zurückzukehren«. Lao-tzu gebraucht wiederholt den Ausdruck *ming*, »Helle«, »Licht«, als Bezeichnung für die Erkenntnis der Geheimnisse, welche typisch für den Heiligen ist. Nur sind diese Geheimnisse eben, um die bemerkenswerten

Worte einer westlichen Mystin zu gebrauchen, »helle
Finsternisse, die all unsere sinnlichen und vernünftigen
Vorstellungen übersteigen«.[7]

Wenn es also klar ist, daß Lao-tzu ein Mystiker ist, so ist
nur die Frage, bis zu welchem Grade; denn es gibt auf
diesem Weg viele Stufen, angefangen bei der einfachen
Meditation bis zur ekstatischen Trance. Nun ist es keineswegs einfach, sich hierüber eine sichere Meinung zu
bilden, denn schließlich wüßte man sehr wenig über die
taoistischen Mystik, hätten wir keine andere Quelle als
das Buch *Lao-tzu* und besäßen wir nicht vor allem das
Buch *Chuang-tzu,* aus dem wir in einem späteren Kapitel einige bedeutsame Texte zitieren werden. Dank dem
letztgenannten Werk wissen wir, daß zur Zeit der Philosophen in den taoistischen Kreisen Ekstatiker keine Seltenheit waren. In jenem Werk werden verschiedene in
Trance befindliche Personen geschildert, von welchen
eine niemand anders als Lao Tan selbst ist:

Als Konfuzius eines Tages den taoistischen Heiligen
besuchte, »fand er ihn vollkommen bewegungslos und
ohne das Aussehen eines Lebenden«. Konfuzius
mußte einige Zeit warten, bevor er sich an seinen
Gastgeber wenden konnte: »Haben mich meine Augen getäuscht oder war es wirklich so? Soeben, Meister, glich euer Körper einem Stück trockenen Holzes;
Ihr schient die Welt und die Menschen hinter Euch gelassen und Euch in eine unzugängliche Einsamkeit zu-
rückgezogen zu haben.« »Ja«, antwortete Lao Tan,
»ich habe am Ursprung aller Dinge gelustwandelt.«
(*Chuang-tzu,* Kapitel 21)

Diese Anekdote, der gewiß keine historische Bedeutung
zukommt, zeigt, daß für den Autor dieses Zitats Lao Tan
ekstatische Erfahrungen hatte, weshalb wir uns leicht

vorstellen können, daß ähnliche Erfahrungen manchen Sprüchen des *Tao-tê-ching* zugrunde liegen. Wenn dieser Text auch keinen Hinweis auf die physischen Erscheinungen (Starre usw.) gibt, die oft, aber nicht immer mit der Ekstase einhergehen, so enthält er doch andererseits zahlreiche Anspielungen und Formulierungen, die eine gewisse Erfahrung ekstatischer Zustände voraussetzen: intuitive und umfassende Erkenntnis der Dinge unabhängig von der Sinneserfahrung, Stille, Dunkelheit des Tao, eine zu umfassende Einheit u.a. mehr ... Zumindest müssen wir einräumen, daß der Verfasser des Werks zu einem geistigen Milieu gehörte, in welchem einzelne Mitglieder über ihre mystischen Erfahrungen berichtet haben dürften.

Im soeben zitierten Abschnitt ist die Antwort des Lao Tan, der von sich sagte, daß er sich »an den Ursprung der Dinge« begeben hatte, bemerkenswert, faßt sie doch die wesentlichen Züge der taoistischen Mystik zusammen. So erkennt man, daß es sich um eine Fahrt der Seele handelt, daß diese Fahrt aber eigentlich in der Zeit, nicht im Raum vollzogen wird. Der Mystiker kehrt an den Beginn aller Dinge, zur »Mutter« zurück, zu jenem Anfang, der vor den Göttern war, zur unsichtbaren Quelle des Lebens. Tatsächlich reist er ganz offensichtlich nicht in der Zeit, sondern er hebt sie auf, indem er sich mit der ewigen Gegenwart identifiziert. Auf diese Weise darf er, der nicht mehr in der Zeit ist, hoffen, dem Tode zu entrinnen.

Lao-tzu glaubt allerdings nicht an eine körperliche Unsterblichkeit. Die Vereinigung mit dem Tao ermöglicht nur ein langes Leben, die Vermeidung eines verfrühten Todes (vgl. das oben S. 79 zitierte Kapitel 16). Ebensowenig glaubt er an das Überleben einer persönlichen Seele. Zwar wird im *Tao-tê-ching* nichts Ausdrückliches hierzu gesagt, aber gerade der Umstand, daß er keine eigene Meinung hierzu vorträgt, ist ein Zeichen dafür, daß er jene der anderen Taoisten teilt, nämlich: Die sichtbaren Wesen sind nichts anderes als die zahllosen vergänglichen Gestalten, welche das aus dem Urchaos hervorgehende Leben annimmt. Diese Monaden des Lebens treten als Pflanze, Tier oder Mensch in diese Welt, tauchen abermals in die Gestaltlosigkeit unter, um aus dieser wieder in anderer Gestalt hervorzutreten. So gibt es zwar etwas, das den Tod überlebt, aber es ist etwas denkbar Unpersönliches. Auch hier wiederum müssen wir uns an Chuang-tzu wenden, wenn wir zu dieser Frage die Schulmeinung kennenlernen wollen. Wir erfahren dann, daß für ihn Leben und Tod zwei Aspekte ein und desselben Phänomens darstellen. Lao-tzu beschreibt diese als ein Hervortreten und Zurückkehren, wie sie einem allen Wesen gemeinsamen Gesetz entsprechen. Allerdings scheint es, daß der Heilige in mystischer Weise aus diesem Prozeß heraustreten kann, indem er seinen Geist vollkommen entleert und sich damit mit der Leerheit, mit der höchsten Einfachheit des Tao identifiziert. Mit anderen Worten, er überwindet die Vielfalt unserer Natur und umfaßt die Einheit. Dann stellt sich die Frage nach dem Leben und dem Tod und nach einem Schicksal im Jenseits nicht mehr. Die vitalen und geistigen Kräfte des Heiligen werden in einer individuellen Einheit zusammengefaßt und entziehen sich allen Wechselfällen und jeder Bestimmung; sie gehören nicht mehr in diese Welt. Wir könnten sagen, daß der Heilige in sich eine unsterbliche Seele ausgebildet hat. Die Taoisten allerdings drücken das nicht so aus. Für sie ist jenes unsterbliche Prinzip, das im Herzen des Heiligen wohnt, nichts ande-

魂魄圖

陽神曰魂
陰神曰魄
鬼之與魂
互為室宅

生謂之精氣
死謂之魂魄
天地公共底
謂之鬼神也

魂者氣之神有清有濁口鼻之所
以呼吸者呼為陽伸吸為陰屈也
魄者精之神有虛有實耳目之所
以視聽者視為陽明聽為陰靈也

res als das Tao. Es gibt also keine andere Unsterblichkeit als die des Tao selbst.

Aber, betonen wir es noch einmal, Lao-tzu äußert sich nicht direkt über die Erfahrungen eines Mystikers. Gegenstand seiner Lehre ist vielmehr die Kunst, mit unserem Dasein in dieser Welt fertigzuwerden, als das letzte Ziel dieses Daseins. Wenn er also für eine gemäßigte Askese eintritt, so gibt er damit an – oder richtiger, er deutet an –, welche Vorteile auf verschiedenen Ebenen mit einer quietistischen Haltung einhergehen. Den Fürsten belehrt er, daß ein *laissez faire* die beste Methode der Regierung ist. Darüber hinaus sollte der Herrscher aber auch die Tugend *(tê)* der Heiligen besitzen. Denn dieses *tê* ist eine Kraft, die uns niemals im Stich läßt (Kapitel 28) und die grenzenlos ist (Kapitel 59). Der Fürst, der sie besäße, wäre in Wirklichkeit ein taoistischer Heiliger und verfügte über eine geheime Macht, von der seine Untertanen nichts ahnten. Gelänge es ihm, nach dem Vorbild des Tao die Stille und Einfachheit zu bewahren, so erlebte er, daß nicht nur die Völker, sondern alle Wesen sich spontan an seiner natürlichen Harmonie orientierten. Dank seiner völligen Begierdelosigkeit und seiner gelassenen Leerheit würde der Heilige, regierte er, der Welt den Frieden bringen. Man sieht also, wie die Suche nach dem Langen Leben, Mystik und Staatskunst ein innerlich zusammenhängendes Ganzes bilden, denn bei einer monistischen Vorstellung der Welt hängt jedes von jedem ab.

Die Ungefärbtheit des Tao

Die Mystik des Lao-tzu beruht nicht auf heftigen Gefühlsregungen; es ist eine stille und besonnene Mystik.

Es gibt nichts im *Tao-tê-ching*, das zur Annahme berechtigte, daß man sich ekstatischer Tänze oder irgendeines anderen die Trance begünstigenden Mittels bedient hätte. Auch finden, wenn gelebte Erfahrungen beschrieben werden, niemals Anleihen bei der Sprache der Erotik statt. Anscheinend gelangte man zur Ekstase allein auf dem Weg einer langen, läuternden Meditation. Lao-tzu ist sich deshalb bewußt, daß seine Lehre auf den ersten Blick wenig Anziehendes besitzt.

Bei Musik und guter Küche verweilt der Passant. Was hingegen am Tao der Mund wahrnimmt, ist seine Fadheit; wie geht ihm doch jeder Geschmack ab! Denn wenn ihr es betrachtet, könnt ihr nichts wahrnehmen; wenn ihr ihm lauscht, könnt ihr nichts vernehmen; bedient ihr euch aber des Tao, so könnt ihr es nicht erschöpfen. (Kapitel 35)

Wenn der Überlegene vom Tao hört, beeilt er sich, es zu praktizieren. Wenn der Durchschnittsmensch vom Tao hört, denkt er bald daran, bald vergißt er es. Wenn der Geringe vom Tao hört, bricht er in schallendes Gelächter aus. Denn lachte er nicht, dann handelte es sich nicht um das wahre Tao. Deshalb lautet der Spruch richtig:

Das Tao der Helle wirkt wie Verdunkelung. Das Tao des Voranschreitens wirkt wie Rückschritt. Das geglättete Tao wirkt holperig, das hervorragende Tê wirkt wie ein Tal, reinste Weiße wirkt wie befleckt; das umfassendste Tê wirkt bedürftig; das solideste Tê wirkt brüchig; die am besten begründete Wahrheit wirkt hohl; das größte Quadrat ist ohne Ecken; das größte Gefäß braucht am längsten zu seiner Vollendung; die größte Musik kann nicht vernommen wer-

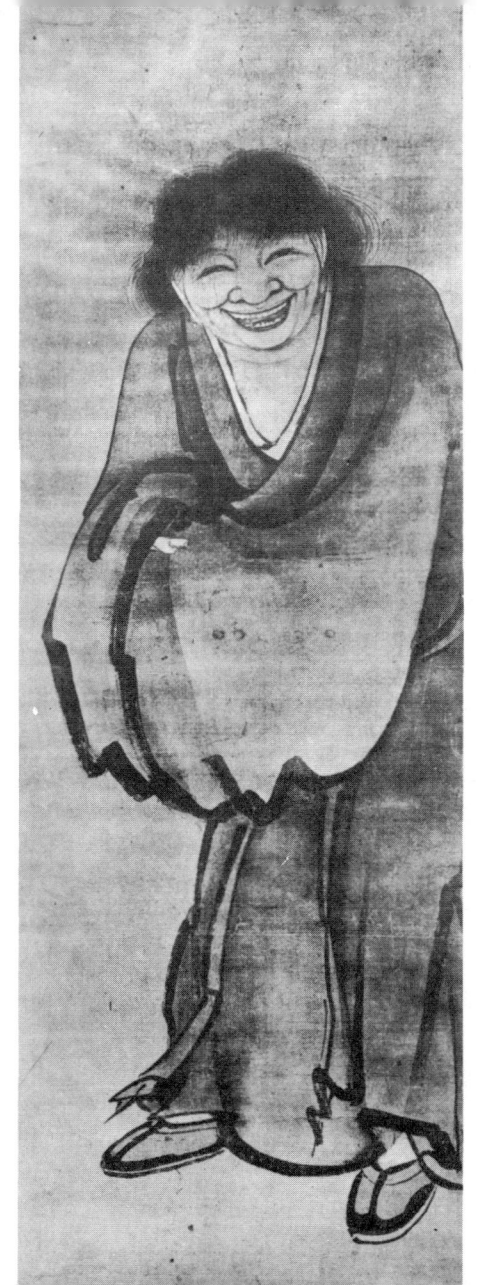

den; das größte Bild kann nicht gesehen werden; das Tao ist verborgen und namenlos. Allein das Tao ist sowohl im Beginnen wie im Vollenden unübertroffen. (Kapitel 41)

Meine Worte sind leicht zu verstehen und leicht zu vollziehen. Aber auf der Welt gibt es niemanden, der sie verstehen, und niemanden, der sie vollziehen könnte... Deshalb kleidet sich der Heilige in unscheinbares Tuch und verbirgt eine Jade in seinem Busen. (Kapitel 70)

Ist das Tao ohne Farbe, ohne Geschmack, dann gilt dies nicht minder für den Taoisten, der es in irgendeiner Weise verkörpert. Denn er verbirgt sein inneres Licht. Ist dieses nämlich echt, so darf es der Gemeine äußerlich nicht wahrnehmen. Es muß also nicht nur die Heiligkeit des wahren Taoisten unerkannt bleiben, sondern, mehr noch, als Folge seiner vollkommenen Schlichtheit wirkt er wie ein Tor:

Wenn die Menge in festlicher Stimmung ist, sei es weil sie einem großen Opfer beiwohnt, sei es daß sie im Frühling Terrassen besteigt, dann bleibe ich allein in unbewegter Reglosigkeit – wie das Neugeborene, das noch nicht lächeln kann.

Ich bin wie ein Elender ohne Zuflucht. Während die Menge in Fülle besitzt, wirke ich, als ob ich alles verloren hätte.

Wie töricht ich aussehe! Wie stumpf! Wie brilliert doch das Volk! Ich allein wirke umdunkelt. Wie selbstsicher wirkt doch das Volk! Ich allein wirke wie betreten. In der Menge hat jeder Mittel und Pläne; ich allein wirke wie ein Tölpel. Anders als den Anderen geht es mir vor allem darum, an der Brust meiner Mutter zu trinken. (Kapitel 20)

像　子　莊

Chuang-tzu

Die Werke der meisten quietistischen Philosophen des Altertums sind nicht auf uns gekommen. Es ist uns nur das Buch *Lao-tzu* und das Buch *Chuang-tzu* erhalten. Zu erwähnen wäre allerdings noch das Buch *Lie-tzu,* wenngleich dessen Echtheit umstritten ist. Tatsächlich erweist es sich in seiner heutigen Gestalt als eine Kompilation des 3. Jahrhunderts unserer Zeitrechnung, während sein vorgeblicher Verfasser, Lie Yü-k'ou, im 4. oder 5. Jahrhundert vor der Zeitwende gelebt haben soll. Dessen ungeachtet enthält es sehr alte Teile – und ist insofern von beachtlichem Interesse. Zwar sind uns in einigen Werken mehr oder minder lange Bruchstücke heute verlorener Schriften erhalten, doch handelt es sich in all diesen Fällen um zweitrangige Quellen, verglichen mit den drei erstgenannten Werken, deren vermutliche Autoren man vordem als die »Väter des taoistischen Systems« bezeichnet hat. Wenn nämlich das *Tao-tê-ching* mit Abstand das berühmteste dieser Werke ist, so ist das Buch *Chuang-tzu* unbestritten das umfänglichste und bedeutendste. Ihm vor allem verdanken wir den Zugang zum Denken und zum Lebensgefühl der alten Taoisten.

Chuang Chou

Leider wissen wir nur sehr wenig über Chuang Chou, den Autor des Buchs *Chuang-tzu*. In den »Aufzeichnungen der Historiker« *(Shih-chi)* heißt es, daß er aus Meng stammte, einem in der heutigen Provinz Honan gelegenen Ort, der zum Fürstentum Sung gehörte. Vorübergehend bekleidete er einen kleinen Posten im »Park der Lackbäume« *(ch'i-yüan)*. Sein ganzes Leben, dessen genaue Daten wir nicht kennen, scheint in das 4. Jahrhundert zu fallen. Mehr weiß der Historiker nicht, weshalb die dem Chuang Chou gewidmete Biographie vor allem aus Urteilen über sein Werk besteht. Chuang Chou, so heißt es dort, interessierte sich für alle geistigen Strömungen seiner Zeit, doch lag ihm vor allem an der Lehre des Lao-tzu, die er in seinen Schriften in poetischen Bildern darstellte. »Er war ein hervorragender Schriftsteller, ein bemerkenswerter Stilist mit präzisem und lebendigem Ausdruck, und er gebrauchte diese seine Begabung, um gegen die Anhänger des Konfuzius und des Mo-tzu vom Leder zu ziehen. Selbst die gelehrtesten unter seinen Zeitgenossen vermochten sich seiner Angriffe nicht zu erwehren. Er formulierte mit brillantem Schwung, gehorchte andererseits aber nur seinen Launen, so daß niemand, selbst nicht die Könige und Fürsten, ihn in ihren Dienst nehmen konnten.« Als Illustration dieser Aussage zitiert Szu-ma Ch'ien folgende Anekdote:

König Wen von Ch'u, der von der Begabung des Chuang Chou gehört hatte, sandte einen Boten mit reichen Geschenken an ihn, der ihn an seinen Hof laden und

ihm die Stelle eines Ministers anbieten sollte. Chuang
Chou aber lachte über dieses Angebot und sagte dem
Boten von Ch'u: »Tausend Pfund Gold sind gewiß
eine schöne Summe; die Stellung eines Ministers ist
gewiß eine sehr ehrbare. Aber hast du schon einmal
den Ochsen beobachtet, den man zum Opfer führt?
Nachdem man ihn mehrere Jahre lang sorgfältig genährt hat, kleidet man ihn in reich bestickte Tücher,
um ihn in den großen Tempel zu führen. Zu diesem
Zeitpunkt möchte er dann wohl nur ein kleines
Schweinchen sein, auf das niemand achtet, aber es ist
zu spät. Verlasse mich! Beflecke mich nicht! Lieber
möchte ich mich fröhlich in einer Schmutzlache tum-
meln als vom Herrn eines Königreichs am Strick geführt zu werden. Um leben zu können, wie es mir gefällt, werde ich niemals ein Amt annehmen.«

Diese Anekdote ist das einzige biographische Detail, das
uns in den Geschichtswerken überliefert ist. Sie kommt
geringfügig verändert auch im Buch *Chuang-tzu* selbst
vor. Wenn man sich auch nicht für ihre Echtheit verbür-
gen kann, so veranschaulicht sie zumindest die Gesinnung der Taoisten jener Zeit, die, genau wie die in der
Zurückgezogenheit lebenden Weisen, jeden Verzicht auf
ihre Freiheit und jedes Paktieren mit der herrschenden
Macht als eine Befleckung empfanden.

Der Sophist Hui Shih

Aus dem Buch *Chuang-tzu* wissen wir, daß Chuang
Chou mit Hui Shih befreundet war. Ja man verdankt
eben diesem Text (Kapitel 33) den Umstand, daß die von
diesem berühmten Sophisten behandelten Themen

überhaupt auf uns gekommen sind.[8] Die Freundschaft der beiden Philosophen hinderte sie nicht, sich auf geistiger Ebene heftig zu bekämpfen. Diese Auseinandersetzungen waren für Chuang Chou ein Spiel, in dem er seinen kämpferischen Elan entfalten konnte – wie aus zahlreichen Stellen bezeugt ist, in welchen die beiden Denker aufeinandertreffen. Nach dem Tode des Hui Shih bedauerte der Taoist zwar nicht dessen Hinscheiden – solches Verhalten hätte seinen Grundsätzen widersprochen – wohl aber den Verlust der anregenden Gegnerschaft dieses gewandten Wortkämpfers:

Als er eines Tages am Grabe des Hui Shih vorüberging, wandte sich Chuang-tzu an seine Begleiter und sagte: »Es war einmal ein Polier, der, wenn es geschah, daß ihm auch nur ein Klecks Putz, so klein wie die Schwinge einer Fliege, auf die Nase fiel, sich an seinen Freund, den Maurer, wandte und verlangte, daß er ihm diesen mit einer Bewegung seiner Handaxt entfernte. Darauf ließ der Maurer das Werkzeug durch die Luft sausen – und der Putzklecks war verschwunden –, ohne daß die Nase verletzt worden wäre oder der Polier auch nur mit der Wimper gezuckt hätte. Als der Fürst von Sung diese Geschichte hörte, ließ er den Maurer kommen und forderte ihn auf, einmal dieses Kunststück vor ihm zu vollbringen. Der Maurer antwortete: ›Zwar verstehe ich so mit meiner Handaxt umzugehen, aber leider ist das Material, an dem ich arbeitete, gestorben.‹ – Auch mir geht es so, seit dieser Meister gestorben ist; ich habe kein Material mehr, an dem ich mich üben könnte. Ich habe niemanden mehr, mit dem ich Streitgespräche führen könnte.« (Kapitel 24).

So ist es also kein Zufall, daß die Lehre des Hui Shih uns

durch das Buch *Chuang-tzu* bekanntgeworden ist. Trotz
ihrer Dunkelheit sind seine Paradoxa von großem Interesse, implizieren sie doch im Hintergrund einen ganzen
Komplex logischer, ja wissenschaftlicher Untersuchun-
gen, über die wir nichts wissen. Feng Yu-lan[9] weist darauf hin, daß wir an dieser Stelle nur die Ergebnisse von
Disputen fassen; doch über ihre Prämissen erfahren wir
aus dem Kapitel 33 *(T'ien-hsia-p'ien)* nichts. Immerhin
läßt dieses Kapitel, bei aller Kritik an Hui Shih, uns in
ihm einen Geist ahnen, der sich mit dem für jene Zeiten
charakteristischen Wissensdurst für alle möglichen Probleme interessierte. »Er war ein in vielen Künsten be-
wanderter Mann, der über alle Dinge debattierte...
fragte man ihn, warum der Himmel nicht zusammenbricht oder die Erde nicht einbricht, woher Wind, Regen
und Donner kommen, so wich er niemals aus. Er wußte
auf alles eine Antwort, ohne auch nur überlegen zu müssen.« Sein zentraler Gedanke war indes: Das Universum
ist ein einziges Ganzes. Deshalb müsse man unterschiedslos seine Zuneigung allen Wesen zukommen lassen. Nun hat zwar dieses letztgenannte Gebot Hui Shihs
Ähnlichkeit mit der Lehre von der »universellen Liebe«
des Mo-tzu, nur daß, wie wir schon sahen, Mo-tzu diese
nur den Menschen zukommen lassen will, während die
Liebe des Hui-Shih sich auf alle Wesen erstrecken soll
und auf einer metaphysischen Idee gründet, nämlich der
vereinigenden Identität der Gegensätze. Insofern überwindet Hui Shih den Humanismus des Mo Ti und nähert
sich den Gedanken des Lao-tzu an, für den das Tao etwas
unendlich Großes *(ta)* und etwas Einheitliches, Eines ist
(i).
Unter den im *T'ien-hsia-p'ien* aufgeführten Paradoxa
finden wir Definitionen der Einheit, mit welchen er

eine Gleichsetzung verschiedener Größenvorstellungen rechtfertigt:

> Es gibt nichts außerhalb des unendlich Großen, das ich das Große Eine *(ta-i)* nenne; es gibt nichts innerhalb des unendlich Kleinen, das ich das Kleine Eine *(hsiao-i)* nenne.

Nachdem das »Eine« gleichzeitig die Vorstellungen von Einheit und Ganzheit ausdrücken kann, implizieren diese Ausdrücke »Großes Eine« und »Kleines Eine« die Vorstellung, daß das Ganze sowohl im unendlich Großen als auch im unendlich Kleinen, also sowohl im gesamten Kosmos als auch im kleinsten Wurm enthalten ist.

Im übrigen sind die Paradoxa des Hui Shih der Versuch, absolut alles zu relativieren, wodurch er die überkommenen Vorstellungen über die Eigenschaften und über die Natur der Wesen, wie auch über Raum und Zeit erschüttern wollte. Diese Relativität der Sophisten ist verschieden von jener des Lao-tzu, weil letzterer einfach darauf abzielte, seine Idealvorstellung duldsamer Weisheit und seine Mystik abzustützen. Zitieren wir noch einige dieser Sophismen, die, wie wir sehen werden, auch Chuang-tzu beeinflußt haben:

> Was ohne Dicke ist, kann nicht durchstoßen werden, läßt sich aber auf tausend *li* ausbreiten.

> Der Himmel ist so niedrig wie die Erde; ein Berg ist so eben wie ein Moor.

> Wenn die Sonne im Mittag steht, geht sie unter; wenn ein Wesen geboren wird, stirbt es.

> Ich kenne den Mittelpunkt der Welt: Er ist nördlich von Yen und südlich von Yüe. (Yen war das am weitesten im Norden gelegene Fürstentum, Yüe das am weitesten im Süden gelegene Fürstentum des Alten Chi-

na.) Ein Kommentator erläutert: »Die Welt ist unendlich groß. Ihr Mittelpunkt ist überall.«

Ein anderer berühmter Sophist, Kung-sun Lung, war ebenfalls ein – allerdings etwas jüngerer – Zeitgenosse des Chuang Chou. Er ist durch seine Erörterungen über das »weiße Pferd, das kein Pferd ist«, und über die »Trennung des Harten und des Weißen« bekannt, wenngleich er nicht der Erfinder dieser Paradoxa ist. Indes ist die philosophische Haltung des Kung-sun Lung verschieden sowohl von der des Hui Shih als auch des Chuang Chou. Während diese die Unterschiede zwischen den Dingen negieren, um nur ihre ursprüngliche Einheit zu behaupten, trachtet Kung-sun Lung im Gegenteil nach einer »Richtigstellung der Namen« im Sinne des Konfuzius; d.h., ihm geht es darum, die Stimmigkeit von Namen und Wirklichkeit wiederherzustellen, wobei er die logische Analyse bis zum Paradoxon treibt.

Chuang Chou und Hui Shih gehörten also trotz ihrer Differenzen in metaphysischer Hinsicht in das gleiche Lager und haben sich deshalb wohl auch gegenseitig beeinflußt. Dennoch lehnt Chuang-tzu die Sophisten ab. Wenn er bei ihnen Anleihen macht, dann in relativierenden Argumenten und in der Rhetorik für den negativen Teil seiner Lehre, d.h. dort, wo er eine Kritik der bestehenden Werte durchführt.

Die Gleichsetzung der Dinge und der Meinungen

Das 2. Kapitel des Buchs *Chuang-tzu* ist im wesentlichen einer Kritik der gängigen Urteile und Meinungen gewidmet. Geht man davon aus, daß alle Dinge, alle lebendigen Wesen, zu denen auch der Mensch zählt, im Grund gleich sind, Teile derselben Einheit, so ist es unmöglich, über sie zu urteilen: Man kann dann nicht hier etwas billigen, dort etwas verdammen. Wenn widerstreitende Meinungen gegeneinander aufstehen, so ist das nur möglich, weil das Gefühl für das Umfassende sich verdunkelt hat und weil jeder Einzelne nur noch die kleine Parzelle der Wahrheit, die ihn selbst angeht, sieht und sie absolut setzt: »Das Tao wird durch die bescheidenen Leistungen verstellt« – d.h. durch jene engen und geschlossenen Gedankensysteme, in welche kleine Geister sich selbst einsperren oder andere einsperren wollen. Nun hatte ja bereits Lao-tzu gezeigt, daß Behauptungen und Gegenbehauptungen sich notwendig gegenseitig bedingen: Wenn ich Recht habe, muß mein Nachbar Unrecht haben. Und nachdem dieser Nachbar ebenso überzeugt ist, daß er Recht hat und ich Unrecht, gibt es kein Mittel gegen dieses Übel, weil jeder sich in seinem System von Vorurteilen verbarrikadiert. Nun ist es zwar richtig, daß sich alle Menschen ganz offensichtlich untereinander hinsichtlich ihres Charakters, ihres Temperaments, ihrer Geistesgaben unterscheiden. Und jeder besitzt auf diese Weise ein Ich, das er dem Ich der anderen entgegenstellt. Anderseits besitzen wir alle in uns einen »höchsten Lehrer«, der über allen unterscheidenden Einzelheiten unserer Leiblichkeit steht. Weil wir ihn allerdings nicht sinnlich wahrnehmen können, fällt es uns schwer, an seine Gegenwart zu glauben. Allerdings berührt unser Glaube oder Unglaube seine Wirklichkeit nicht. Dieser höchste Lehrer, dessen überragende Allgegenwart Chuang-tzu behauptet, ist ganz offensichtlich das Tao, die Grundlage des Lebens und der Einheit, das für den Taoisten die Rolle einer übergeordneten, unpersönlichen Seele spielt. Dieser übergeordnete Ordner wird nun allerdings bei der

Mehrzahl der Menschen durch Leidenschaften und Vorurteile verdeckt, verschleiert. Parallel hierzu bedienen
wir uns des Worts, um Meinungen auszudrücken, um
Gegensätze aufzuzeigen, wobei ein jeder danach trachtet, den Gegner zu übertrumpfen. Dies ist ein fruchtloser
Kampf, der nicht nur die Menschen untereinander entzweit, sondern auch die Lebensenergie und den Geist aller erschöpft. »Sie tauchen in ihre Geschäfte ein wie in ein
tiefes Wasser, aus dem man sie nicht mehr retten kann . . .
Diese Geister sind fast schon leblos, man kann sie nicht
mehr zum Licht zurückführen.«
Wie wird sich der Taoist angesichts dieses trostlosen An-
blicks verhalten? Natürlich darf er sich nicht in solche
endlosen Debatten verwickeln lassen. Vielmehr läßt er
sich vom Himmel erleuchten, der Quelle jenes inneren
Lichts, das für Chuang-tzu ebenso wie für Lao-tzu ein
Kennzeichen der Heiligkeit ist. Weder wird er danach
streben, seine Meinung durchzusetzen, noch wird er gegen Wirkliches ankämpfen. Nachdem er die absolute Relativität der Begriffe des Guten und des Bösen, des Wahren und des Falschen erkannt hat und weiß, daß z.B. alle
Lehren, vor allem jene des Konfuzius und des Mo Ti, die
sich in die Herrschaft über die Geister teilen, aus einem
Komplex von Behauptungen und Negationen bestehen,
den zu entwirren man vergeblich sich bemühen würde,
verhält sich der Heilige so neutral, so im Geiste leer, daß
er niemals zum Gegner einer Persönlichkeit oder einer
Meinung werden kann, die sich gegen ihn stellen möchte.
So identifiziert er sich mit dem, was Chuang-tzu den
»Angelpunkt des Tao« nennt: Auf diese Weise spielt er
gewissermaßen die Rolle des Festpunkts des Kompasses,
bildet er den Mittelpunkt eines Kreises. Hier begegnen
wir wieder dem Symbol der Nabe, des Mittelpunkts ei-

nes Rads, das von den taoistischen Schriftstellern so oft
verwendet wird. Im *Huai-nan-tzu* konstatiert man, daß
der Heilige, indem »er den Angelpunkt des Tao einnimmt«, im Unendlichen sich ergehen könne. Im Text
des *Chuang-tzu*, den wir hier zusammenfassen, entspricht indes das Unendliche nicht dem Absoluten des
Mystikers, sondern, wie dies im Text selbst erklärt wird,
dem Teufelskreis der Meinungen. Der Weise vermag
durch seine Unparteilichkeit den Mittelpunkt im Kreis
der Widersprüche einzunehmen und kann diese sich
ohne Ende entfalten lassen, ohne daß er im einzelnen auf
irgendeinen dieser Widersprüche eingehen muß. Dies ist
eine Anwendung der Idealvorstellung vom *wu wei* und
der Widerstandslosigkeit des Lao-tzu. Den Mittelpunkt
des Kreises einnehmen bedeutet dennoch nicht eine rein
negative Haltung gegenüber der Welt. Der Weise zieht
sich nicht mürrisch in die Einsamkeit zurück, um der Befleckung durch die Welt zu entgehen. Dergleichen wäre
nicht im Einklang mit der Haltung des Lao-tzu, der
wünschte, daß man »teilhat an der Befleckung«. Ebensowenig entspräche dies der Ansicht des Chuang-tzu,
der kein Wesen geringschätzt, über niemanden ein Urteil
fällt und sich den Gepflogenheiten seiner Zeit unterwirft
(Kapitel 33). »Jene, die auf dem Weg gehen, machen den
Weg *(tao)*.« Mit anderen Worten, durch seinen Gebrauch deutet ein Klang, ein Wort gültig auf einen bestimmten Gegenstand. Nachdem in den Augen des Weisen alles eine Einheit bildet, hält er sich an die herrschenden Gepflogenheiten und versucht nicht, seine eigenen
Launen als universelle Richtlinien durchzusetzen. Im
Gegenteil, mögen ihm auch die Neigungen der Menschen oft lächerlich erscheinen, er wird sich wie jener Af-
fenzüchter verhalten, der, als er sich gezwungen sah, die

tägliche Ration seiner Tiere zu verringern, ihnen mitteilte:

>Von nun ab bekommt ihr am Morgen drei Maß und am Abend vier Maß.< Die Affen waren allesamt erbost über diese Ankündigung. >Dann also werde ich euch morgens vier Maß und am Abend drei Maß geben.< Die Affen waren es zufrieden.

Nachdem aller Zwist nur durch die Verblendung der Menschen bestehen kann, die nicht besser als von Leidenschaften getriebene Affen sind, hebt der Taoist alle Mißhelligkeiten durch sein Desinteresse auf. Nachdem ihm beide Lösungen vollkommen gleichwertig erscheinen, ist es ihm egal, welche von beiden zum Zuge kommt.

Der erste Teil des 2. Kapitels *(Ch'i-wu-lun)* des *Chuang-tzu*, dessen Inhalt wir in großen Zügen entwickelt haben, schließt wie folgt:

Der Heilige steht außerhalb der Welt, aber er stellt keine Behauptungen auf. Steht er in der Welt und stellt Behauptungen auf, so kritisiert er nicht. In den *Frühlings- und Herbstannalen* (ein Buch, das zur Züchtigung der Zeit und zur Darlegung der Gedanken der Könige des Altertums geschrieben wurde) kritisiert der Heilige, aber er streitet nicht. Denn wollte er etwa Unterscheidungen treffen? Es gibt Dinge, die man nicht unterscheiden kann. Wollt ihr Streitgespräche führen? Es gibt Bereiche, in denen man keine Streitgespräche führen kann. Was also tun? Der Heilige umfaßt alles. Jene, die Streitgespräche führen, tun dies um der Wirkung willen. Deshalb sage ich: Wenn ihr Streitgespräche führt, gibt es Dinge, die ihr nicht seht. Im Größten Tao wird nichts ausgesprochen. Im größten Streitgespräch wird nichts gesagt. Die größte Güte ist nicht gut. Die größte Demut ist nicht bedürftig. Der größte Mut ist nicht aggressiv. Fängt das Tao zu glänzen an, ist es nicht mehr das Tao. Wird das Wort zum Streitgespräch, erreicht es sein Ziel nicht mehr. Wird die Güte zur Gewohnheit, so ist sie nicht mehr vollkommen. Übt man die Demut bewußt, wird sie zur Heuchelei. Führt der Mut zur Aggression, bringt er keinen Sieg. Die fünf Qualitäten des Umfassenden verlieren sich in kleinen lächerlichen Pannen. Wer vermag es, Streitgespräche ohne Worte zu führen, sich des Taos ohne Ausdruck zu bedienen? Wer dazu in der Lage ist, würde einen himmlischen Schatz besitzen, den er mehren könnte, ohne ihn je voll zu machen, aus dem er schöpfen könnte, ohne ihn je zu erschöpfen; und niemand wüßte, woher er diesen Reichtum hat. Dies nenne ich »verborgen gehaltenen Glanz«.

Hinter der Vielfalt der Dinge und Wesen verbirgt sich ein und dieselbe Wirklichkeit. Man entfernt sich von ihr, man beginnt zu sündigen, sobald man abzugrenzen versucht, sobald man sich auf Teilaspekte festlegt. Dies ist das Wesen aller Laster; und das Unglück der Sektierer und Polemiker ist es, sich auf einen einzigen Gesichtspunkt festzulegen.

Auch hier wird also das diskursive Wissen wie bei *Laotzu* verurteilt, denn es ist notwendigerweise bruchstückhaft, unvollständig, falsch. Ja, man muß sagen, daß aus der Sicht des Taoisten dieses Wissen sogar gefährlich ist, führt es doch zur Vergeudung des kostbarsten und heiligsten Gutes, des Lebens.

Unser Leben ist beschränkt, aber der Bereich der Erkenntnis ist ohne Grenzen. Es ist gefährlich, das Grenzenlose mit beschränkten Kräften zu verfolgen.

Deshalb ist jener, der sich der Wissenschaft verschreibt, leichtsinnig. (Kapitel 3)

Man muß sich »an das halten, was man weiß«, und darf sich nicht auf eine Angelegenheit ohne Ende einlassen. Das einzig gültige Wissen ist umfassend und intuitiv.

> Jene, die im Altertum das Tao übten, unterhielten ihr Wissen durch Ataraxie. Als aber Wissenschaft aufkam, bedienten sie sich dieser nicht, um zu handeln; man könnte sagen, sie bedienten sich ihrer, um ihre Ataraxie zu unterhalten. (Kapitel 16)

Ataraxie und Wissen müssen sich gewissermaßen gegenseitig unterhalten. Solches Wissen ist nicht eine Detailwissenschaft, sondern ein Wissen um das Ganze, unabhängig vom Gebrauch der Sinne. Denn die Sinne zeigen nur standpunkthaft Einzelaspekte der Wirklichkeit, und, schlimmer noch, sie fachen die Begierden und Leidenschaften an. Vollkommenes Wissen ist ein mystisches Wissen; es hebt alles auf, eingeschlossen die Unterscheidung zwischen mir und dir:

> Himmel und Erde sind mit mir entstanden, und die Zehntausend Wesen sind eins mit mir.

Solches gilt allerdings nur aus der Sicht des Tao und des Mystikers, der nicht spricht, weil, wie es im 2. Kapitel heißt:

> Sobald ich die Einheit setze, zerstöre ich sie schon, weil meine Worte ihr gegenüber bereits eine Dualität geschaffen hätten.

Damit möchte Chuang-tzu wohl ausdrücken, daß das Ich die Vielfalt ins Sein trägt. Wahre Einheit gibt es nur für den Ekstatiker. Dies geht auch aus dem folgenden Zitat hervor, das diese Lehre gut zusammenfaßt.

> Die Erkenntnis reiste gen Norden an die Ufer des Dunklen Flusses. Sie erstieg einen Hügel, der sich im

Verborgenen erhob, und traf dort den Schweigsamen. »Ich habe dir einige Fragen zu stellen«, sagte sie. »Durch welche Meditation, durch welches Nachdenken kann ich das Tao erkennen? An welchem Ort, durch welche Übungen kann ich im Tao Ruhe finden? Nach welcher Schule, auf welchem Weg kann ich zum Tao gelangen?« Auf diese drei Fragen antwortete der Schweigsame nicht. Nicht, daß er nicht antworten wollte: Er wußte nichts zu antworten.

Nachdem die Erkenntnis so auf ihre Fragen keine Antwort erhalten hatte, wandte sie sich nach Süden an den Weißen Fluß und bestieg den Hügel des Fuchsbaus. Dort gewahrte sie den Narren. An ihn wandte sie sich mit den gleichen Fragen. »Einen Moment, ich weiß! Ich werde es dir sagen...« Doch als er weitersprechen wollte, hatte der Narr vergessen, was er sagen wollte.

Als die Erkenntnis auch hier ohne Antwort geblieben war, wandte sie sich in den Palast des Höchsten Herrschers. Dort gewahrte sie Huang-ti (den Gelben Fürsten) und stellte ihm die gleichen Fragen. Huang-ti antwortete: »Denke nicht, grüble nicht! Dann erst kannst du das Tao erkennen. Sorge dich weder um das Wo noch um das Wie! Dann erst magst du im Tao Ruhe finden. Schließe dich keiner Schule an, folge keinem Weg! Dann erst wirst du das Tao erreichen.« Die Erkenntnis fragte Huang-ti weiter: »Du und ich, wir wissen; aber jene beiden wissen nicht. Wer ist in der Wahrheit?« Huang-ti antwortete: »Der Schweigsame ist vollkommen in der Wahrheit, der Narr kommt ihr nahe. Du und ich aber, wir sind ihr fern. Denn der Wissende redet nicht, der Redende weiß nicht. Deshalb spendet der Heilige wortlose Lehre.

黄帝軒轅氏

Das Tao stellt sich nicht auf Befehl ein, das Tê ist nicht willentlich zu erlangen. Man mag die Menschlichkeit üben und hinabsinken bis zur Rechtlichkeit und zu den Riten, die im Austausch falscher Äußerlichkeiten bestehen. Deshalb heißt es: ›Wenn das Tao verlorengeht, tritt die Tugend *(tê)* auf.‹ Wenn die Tugend verlorengeht, tritt die Menschlichkeit auf. Wenn die Menschlichkeit verlorengeht, tritt die Rechtlichkeit auf. Wenn die Rechtlichkeit verlorengeht, kommen die Riten. Die Riten sind nichts anderes als der äußere Glanz des Tao und der Anfang der Wirrnis. Deshalb heißt es: ›Wer das Tao übt, vermindert täglich seinen Glanz.‹ Durch Mäßigung und abermalige Mäßigung gelangt er in den Zustand des absichtslosen Handelns. In diesem Zustand des absichtslosen Tuns gibt es nichts, das er nicht verwirklichen könnte. Jener, der bereits in den Zustand der Dinge gekommen ist, kann nur sehr schwer an seine Wurzel (das Tao) zurückkehren. Dies gelingt nur den großen Menschen leicht. Das Leben ist der Begleiter des Todes, der Tod ist der Begleiter des Lebens; wer aber kennt ihr Gesetz? Das Leben eines Menschen ist nichts als die Ansammlung von *ch'i* (Odem). Sammelt sich dieses, tritt Leben auf, zerstreut es sich, Tod. Nachdem Leben und Tod Gefährten sind, weshalb sollen wir uns über sie Gedanken machen? Alle Wesen bilden ein einziges Ganzes! Das Leben, das sie so anmutig finden, erscheint ihnen wie ein göttliches Wunder, der Tod, den sie verabscheuen, wie stinkende Fäulnis. Aber die stinkende Fäulnis verwandelt sich abermals und wird zu einem göttlichen Wunder, das wiederum in stinkende Fäulnis übergeht. Deshalb gilt: Die Welt ist nur ein einziges ganzes *ch'i* und der Heilige ehrt das Eine.« (Kapitel 22)

Die Identität von Leben und Tod

Die intuitive Vorstellung einer im Grunde einzigen und ganzen Welt läßt Chuang-tzu sich der Frage von Leben und Tod mit großer Gelassenheit nähern. Leben und Tod sind nur die beiden Aspekte ein und derselben Wirklichkeit, und sie entsprechen einer ganz natürlichen Abfolge, wie der Tag und die Nacht, das Wachen und der Schlaf. Schon Lao-tzu hatte diese These kurz angedeutet. Chuang-tzu aber führt sie aus und erläutert sie in einem der berühmtesten Abschnitte seines Buchs:

Als die Frau des Chuang-tzu gestorben war, stattete ihm Hui-tzu einen Beileidsbesuch ab. Chuang-tzu kauerte am Boden und sang und schlug auf einer Schüssel den Takt. Hui-tzu wandte sich an ihn: »Daß du die nicht beweinst, die mit dir das Leben geteilt hat, die dir Kinder geschenkt hat und mit dir alt geworden ist, mag noch hingehen. Aber daß du singst und dazu den Takt auf einer Schüssel schlägst, das ist zu viel!« »Nicht doch«, sagte Chuang-tzu. »Nachdem sie gestorben war, wie sollte ich da nicht zunächst ergriffen gewesen sein? Doch indem ich über den Beginn allen Daseins nachdachte, fand ich, daß es eine Zeit gegeben hatte, wo sie noch nicht geboren war; nicht nur nicht geboren war, sondern wo sie noch gar keine Gestalt hatte; ja mehr noch, es gab eine Zeit, wo sie noch nicht einmal ein *ch'i* (eine Ansammlung von Energie) war. Damals war sie eins mit der Eigenschaftslosigkeit des Chaos. Aus diesem geht in einer ersten Verwandlung das *ch'i* hervor. Durch eine neue Verwandlung bildete sich die Gestalt; und in einer letzten Verwandlung schließlich der belebte Körper. Nun ist abermals eine Verwandlung eingetreten – und damit der Tod. Diese Phasen gleichen dem Gang der Vier Jahreszeiten, vom Frühling zum Herbst, vom Sommer zum Winter. Nun schläft sie ruhig in der Großen Behausung. Würde ich jetzt in Trauer über sie klagen, müßte ich mich für unfähig halten, das Schicksal zu verstehen. Deshalb tue ich dies nicht.« (Kapitel 18)

Leben und Tod sind nichts als die natürlichen Metamorphosen, die Umwandlungen verwandter Gestalten, wie z.B. die Verwandlung der Seidenraupen in Puppen. Doch glaubten die Bauern des Altertums und im Anschluß an sie die Gelehrten, daß diese Erscheinung eine viel allgemeinere sei. In den ältesten Kalendern heißt es, daß der Sperling sich im Herbst in eine Auster und umgekehrt, daß diese sich im Frühling in einen Sperling verwandle. Nach der Philosophie des *I-ching* (des »Buchs der Wandlungen«) gehen alle Erscheinungen und Ereignisse wechselseitig ineinander über, wobei solche Ereignisse durch symbolische Wandlungen präfiguriert werden, die der Fachmann der Zeichenkunde wahrnimmt. Näher an der Erfahrung finden wir im Buch *Chuang-tzu* und im Buch *Lie-tzu* je eine Liste von Geschöpfen, die sich ineinander verwandeln können. Wenn wir leider auch außerstande sind, diesen wichtigen Abschnitt zu übersetzen, weil er zoologische und botanische Namen enthält, deren genaue Bedeutung uns heute nicht mehr faßbar ist, so wollen wir doch zumindest dessen erklärende Einleitung wiedergeben:

Lie-tze hatte sich auf einer Reise an den Wegrand gesetzt, um auszuruhen. Da erblickte er einen Schädel, der an die hundert Jahre alt sein mußte. Indem er das Moos daraus herauszupfte, redete er ihn folgendermaßen an: »Allein du und ich, wir wissen, daß es tatsächlich keinen Unterschied zwischen dem Leben und dem Tod gibt. Ist es denn wirklich so, daß du elend bist und ich glücklich bin? Ein Keim entwickelt sich je nach den Umständen des Wetters und des Ortes, in die er gelangt. Gelangt er ins Wasser, so wird er zu einem [Mikroorganismus genannt] *chüe* . . .« (*Chuang-tzu*, Kapitel 18, *Lie-tzu*, Kapitel 1)

Unser Text schließt mit der Aufzählung einer Reihe von Verwandlungen, deren Ende der Mensch ist. Dieser wiederum »kehrt in den Großen Webstuhl zurück. Denn alle Wesen, die vom Webstuhl kommen, kehren zum Webstuhl zurück.«

In einem anderen Passus läßt Chuang-tzu den Toten, dessen Schädel er findet, sprechen:

Als Chuang-tzu unterwegs war in das Königreich Ch'u, erblickte er einen hohlen Schädel, ohne Fleisch, doch sonst unversehrt. Er stieß ihn mit seiner Reitpeitsche an und fragte: »Bist du in diesen Zustand gekommen, weil du aus Lebensgier den Verstand verloren hast? War es Hochverrat, oder waren es einfach Armut, Kälte und Hunger? Hat dich das Alter dahin gebracht?« Nach diesen Worten hob er den Schädel auf und benutzte ihn als Nackenstütze, um darauf zu schlafen. Um Mitternacht erschien ihm der Schädel im Traum und sprach so zu ihm: »Du hast zu mir wie ein Sophist gesprochen. Alle deine Worte handelten nur von den Sorgen der Lebenden. Diese Dinge existieren für die Toten nicht mehr. Soll ich dir von den Toten sprechen?« »Gern«, antwortete Chuang-tzu. Der Schädel fuhr fort: »Bei den Toten gibt es keine Herren und keine Untertanen, keine Jahreszeiten und keine Arbeiten. Wir sind in Frieden und kennen keine an-

dere Zeit als die des Himmels und der Erde. Ein König
auf seinem Thron genießt keine größere Glückseligkeit.« Chunag-tzu aber fragte ungläubig: »Wenn ich
den Herrscher des Schicksals bestimmen könnte, deinem Körper mit seinen Knochen, seinem Fleisch und
seiner Haut das Leben wiederzugeben, wenn er deinen
Vater und deine Mutter, deine Frau und deine Kinder
und alle Freunde deines Dorfes zurückkehren ließe,
würdest du dies wünschen?« Der Schädel blickte ihn
starr aus seinen Augenhöhlen an, schnitt eine Gri-
masse und sagte: »Sollte ich auf meine königliche
Glückseligkeit verzichten, um in das menschliche
Elend zurückzukehren?« (*Chuang-tzu*, Kapitel 18)
Während Chuang-tzu im allgemeinen den Tod als einen
natürlichen Vorgang vorstellt, den man weder zu fürchten noch zu suchen braucht, wird in dem soeben zitierten
Gespräch unterstellt, daß der Stand der Toten benei-
denswerter sei als der der Lebenden. Eine solche Folge-
rung liegt eigentlich nahe, denn sobald man einräumt,
daß es eine Existenz nach dem Tode gibt, ist es ein nahezu unausweichlicher Schluß, daß man sie sich glückli-
cher vorstellt als das gegenwärtige Leben. Zwar stimmt
es, daß ein Paradies oft auch sein Gegenstück, eine Höl-
le, hat; aber die Chinesen des Altertums haben eine solche erst unter dem Einfluß des Buddhismus erfunden.
Trotzdem besteht noch ein Widerspruch zwischen einer
materialistischen Vorstellung von körperlichen Verwandlungen und jener eines anderen Daseins nach dem
Tod. Anscheinend stört Chuang-tzu dieser auch wohl
nur scheinbare Widerspruch nicht. Wenn er es auch nicht
ausdrücklich sagt, so räumt er doch ein Überleben des
Geistes ein, das jedoch nicht gleichzeitig das einer perso-
nalen Seele ist. Wenn er im Traum das Gespenst reden

läßt, so greift er zur Veranschaulichung seiner Worte nur auf einen Volksglauben zurück, demzufolge der Tod nicht notwendig etwas Schreckliches ist. Aber die Haltung des Chuang-tzu ist ein resigniertes, ja ein freudiges Annehmen unseres Schicksals.

Der plötzlich erkrankte Tzu Lai lag in seinen letzten Zügen. Seine Frau und seine Kinder umgaben ihn weinend. Tzu Li, der in der Absicht, ihm einen Besuch abzustatten, vorbeikam, trieb sie mit den Worten hinaus: »Stört nicht die Verwandlung, die sich hier vollzieht!« Dann lehnte er sich gegen die Türe und sprach zum Sterbenden: »Groß ist das Werk des Formenden! Was wird er wohl jetzt aus dir machen? Wohin wird er dich wohl führen? Wird er aus dir die Leber einer Ratte machen oder das Bein eines Insekts?« Tzu Lai antwortete: »Ein Kind schuldet seinen Eltern Gehorsam,

gleichgültig, ob jene es nach Osten oder nach Westen, nach Norden oder nach Süden schicken. Yin und Yang sind für uns viel mehr als nur Eltern. Nun führen sie mich an die Pforte des Todes. Wenn ich jetzt aufbegehrte, wäre ich nichts als ein ungehorsamer Sohn; welches Recht hätte ich dann, sie anzuklagen? Die gewaltige Masse des Kosmos hat mich mit einem Körper als meine Behausung ausgestattet, mir eine Lebensspanne zugewiesen, um wirken zu können, ein Alter, um zu verschnaufen, und endlich den Tod, um zu ruhen. So muß ich, wie ich mein Leben gut gefunden habe, auch meinen Tod gut finden. Was geschähe, wenn im Augenblick, wo der Metallgießer sich ans Werk macht, das Metall emporspränge und riefe: ›Ich will unbedingt das Schwert *Mo-ye* werden!‹ Der Gießer würde solches bestimmt für ein übles Erz halten. Wenn ich nun, der ich menschliche Gestalt annehmen durfte, schrie: ›Ich will nichts anderes sein als ein Mensch!‹ so würde der große Former nicht umhin können zu finden, daß ich ein schlechter Mensch sei.«
(Kapitel 6)

Als Chuang-tzu im Sterben lag, äußerten seine Schüler den Wunsch, ihm ein schönes Begräbnis zu veranstalten. Chuang-tzu sagte zu ihnen: »Himmel und Erde werden mein Sarg und mein Grab sein. Als Grabbeigaben werde ich die Sonne und den Mond als zwei Jadereifen und die Sterne als Geschmeide haben, und die Zehntausend Wesen als meine Gefährten. Ihr seht also, daß bei der Feier nichts fehlt; was wollt ihr da noch hinzutun?« Die Schüler antworteten: »Wir fürchten, Meister, daß euch die Raben und die Geier verschlingen möchten.« Chuang-tzu antwortete: »Im

Freien werden mich die Raben und die Geier verschlingen, unter der Erde werden mich die Ameisen
verzehren. Welche Parteilichkeit, daß ihr die einen auf
Kosten der anderen schmälern wollt!« (Kapitel 32)

Die Mystik des Chuang-tzu

Im Anschluß an Lao-tzu, der sich gegen die Verwirrung
der Geister durch Intelligenz und Kultur wandte, geht es
Chuang-tzu darum, die Seele zu läutern, indem er ihr die
Relativität aller gesellschaftlichen Werte vorstellt. Im übrigen zielt seine Kritik vor allem darauf, die Begriffe von
Leben und Tod ihrer bisherigen Bedeutung zu entklei-
den. Denn im Bereich der Erscheinungen gibt es nur
Verwandlungen der Gestalt. Was die Existenz eines Gottes oder die einer unsterblichen Seele anlangt, so kann
von solchen Vorstellungen bei ihm offensichtlich keine
Rede sein; Chuang-tzu erweist sich hier als entschiede-
ner Agnostiker.
Die Unzulänglichkeit unseres Verstandes, das Geheimnis der Dinge zu durchdringen, ist ein Leitgedanke seines
Buches. So stellt er im Kapitel 25 zwei fiktive Personen
einander gegenüber, die ein Gespräch über den Ursprung aller Dinge führen. Die erste Person erklärt, wie
Yin und Yang und überhaupt alle Erscheinungen, die als
polare, jedoch zusammengehörende Paare auftreten, die
sichtbare Welt bilden; aber auch, daß hier unser Intellekt
an seine Grenzen kommt. Als dann das Gespräch auf die
Existenz oder Nichtexistenz eines persönlichen Bewegers, aus dem die Welt hervorgegangen sein könnte,
kommt, formuliert der eine der beiden folgendermaßen:

Das Bellen eines Hundes, das Krähen eines Hahns ist für jedermann etwas Selbstverständliches; dennoch vermöchte der größte Gelehrte solche Erscheinungen nicht in Worte zu fassen, noch auch vorherzusehen, was diese Tiere vorhaben. Aber analysieren wir doch die Wirklichkeit. Gehen wir hinab bis zur winzigsten Partikel, die man sich vorstellen kann. Und denken wir uns dann eine unermeßliche Grenzenlosigkeit. Wenn man unter solchen Umständen von einer antreibenden Aktivität sprechen oder eine schöpferische Aktivität verneinen wollte, hieße das nicht, Gefangener der bedingten Wesen zu bleiben und in Irrtum zu fallen? Wenn ich behaupte, es gibt einen Beweger, so liegt dies daran, daß ich nur greifbare Realitäten in Betracht ziehe. Sage ich hingegen, es gibt keine schöpferische Aktivität, so ziehe ich nur die unsichtbare Leerheit in Betracht. Sich an das halten, was einen Namen hat und greifbar vorhanden ist, heißt im Bereich der sinnlichen Dinge zu bleiben; über das reden, was ohne Namen ist und nicht greifbar vorhanden, heißt sich nur auf die Leerheit der Dinge zu beschränken. Natürlich können wir über diese Fragen sprechen und nachdenken. Aber je mehr man über sie spricht, um so mehr verfehlt man sie. Wir können die Ankunft eines noch ungeborenen Wesens nicht verhindern und ein gestorbenes nicht zurückhalten. Leben und Tod sind uns zwar vertraut, doch ihr Ursprung ist uns verborgen. Von der Existenz oder der Abwesenheit eines Bewegers zu sprechen ist nur eine Ausflucht als Folge unserer Unwissenheit. Suche ich die Anfänge in den Blick zu fassen, so verschwinden sie in einer Vergangenheit ohne Grenzen. Suche ich nach den Zielen, so kommen sie aus einer grenzenlosen Zukunft auf mich

zu. Aber in diesem »Grenzenlosen«, in diesem
»Ohne-Ende« wird die Rede zunichte und nimmt Teil
am Wesen aller Existenzen. Was die Frage nach dem
Vorhandensein oder dem Fehlen eines Bewegers angeht, so ist diese nur der Ausgangspunkt des Ge-
sprächs; als solcher Ausgangspunkt hat sie Teil am
Schicksal aller vergänglichen Wesen. Vom Tao kann
man weder behaupten, daß es ist, noch, daß es nicht
ist. Im übrigen ist der Name Tao nur eine Erfindung
zu praktischen Zwecken. Gleiches gilt für die Frage,
ob es einen Beweger gibt oder nicht. Sie mag im einzelnen einen Sinn haben; was aber könnte sie für das
große Ganze bedeuten? Wäre die Sprache für diese
Dinge wirklich adäquat, so könnte man mit ihr an einem Tag der Frage des Tao auf den Grund kommen.
Nachdem dies aber nicht der Fall ist, vermag man mit
ihr an einem Tag zur Not dem auf den Grund kommen, was ein Wesen oder ein Ding anlangt. Das Tao
liegt jenseits der sichtbaren Wesen; weder Worte noch
Schweigen vermögen es zu erreichen. Verzichten wir
also gleichermaßen auf die Worte und auf das Schweigen, denn wir sind an die Grenzen des Denkmöglichen
gelangt. (Kapitel 25)

Die Frage nach dem Ursprung der Dinge wie auch die
nach der Existenz eines Schöpfers wird als etwas der
Ebene des Absoluten vollkommen Unangemessenes
verworfen. Trotzdem mag es interessant sein, festzustellen, daß solche Fragen der Gegenstand von Erörterungen
waren. Denn damit wurde gleichzeitig auch die Frage
nach der Immanenz oder der Transzendenz des Tao auf-
geworfen. Leider wissen wir nichts über die Argumente
jener, die solche Thesen vertreten haben. Denn während
Chuang-tzu sich weigert, in die Debatte einzutreten,

scheint er doch eher der Theorie von der Immanenz des Tao zuzuneigen, wie aus einem teilweise korrupten Abschnitt (im Kapitel 22) hervorgeht. Einem aufdringlichen Frager, der ihn mit der müßigen Frage bedrängt: »Wo ist denn das, was Ihr das Tao nennt?« antwortet Chuang-tzu nacheinander, daß es in einer Ameise, einem Grashalm, einem Ziegel, im Mist . . . ist. »Versuche nicht, es festzulegen; du wirst es außerhalb der Wesen nicht finden.«

Folglich ist das Tao etwas Immanentes. In seiner Unendlichkeit ist es in allen Dingen gegenwärtig; es ist das Prinzip ihrer Einheit, ihrer Verständlichkeit, aber auch das Prinzip ihrer Wesenheit und ihrer Wirkkraft, ihres Tê.

Wir wollen aber die Interpretation von Chuang-tzus Gedanken unter Zuhilfenahme von Begriffen der westlichen Philosophie nicht zu weit treiben. Wenn es richtig ist, daß das Tao in allen Wesen gegenwärtig ist, so gilt ebenso, daß es auch außerhalb dieser Wesen gegeben ist, daß es sie beherrscht, daß es ihnen vorangeht, daß es eine unabhängige Realität ist. Deshalb die Notwendigkeit, »es zu gewinnen«.

> Das Tao hat Wirkung (wörtlich: »Emotionen«) und Wirksamkeit (wörtlich: »Zuverlässigkeit«), aber weder handelt es, noch hat es Gestalt. Man kann es empfangen, aber nicht ergreifen.[10] Man kann es gewinnen, aber nicht sehen. Es ist von sich aus Stamm und Wurzel. Noch ehe es Himmel und Erde gab, existierte es zeitlos. Es verleiht den Dämonen und den königlichen Ahnen ihre gestaltende Kraft; es spendet dem Himmel und der Erde Leben. (Kapitel 6)

In diesem Zitat gebraucht Chuang-tzu, wie in vielen anderen, ähnliche Begriffe wie Lao-tzu. Er fährt dann fort mit einer Beschreibung der mythischen Helden, die ihre Großtaten dank dem Tao, das »sie empfangen hatten«, vollbringen konnten. Wenn andererseits nicht alles menschliche Tun von Erfolg gekrönt ist, so liegt dies daran, daß das Tao sich im Bewußtsein der Menschen durch die Verirrungen der Kultur verdunkelt hat; ja man kann so weit gehen zu sagen, daß es durch diese aus ihm verdrängt worden ist und daß es die unreinen Seelen flieht, d.h. aus jenen, die von Begierden und Leidenschaften erfaßt wurden. Man muß also das »Herz« leermachen, damit das Tao darin Wohnung nehmen kann. Anders gesagt, derjenige gewinnt die Heiligkeit, der es versteht, seine Seele durch eine stufenweise Askese zu läutern.

Die Bücher *Chuang-tzu* und *Lie-tzu* enthalten in Form von Anekdoten mehrere Hinweise auf diesen Weg der Läuterung, der für die Taoisten – wie für andere Mystiker – eine unerläßliche Vorstufe der Erleuchtung darstellt. Die im folgenden zitierte Stelle aus dem Buch *Lie-tzu* beleuchtet darüber hinaus die Beziehungen zwischen Meister und Schüler.

Lie-tzu war, nachdem ihn ein Meister ausgebildet hatte, »auf dem Wind fahrend« zu diesem zurückgekehrt. Da stellt sich ein anderer Schüler ein, in der Hoffnung, auch in diese Kunst eingeführt zu werden. Doch wartet er vergeblich mehrere Monate lang, ohne daß Lie-tzu auch nur ein Wort zu ihm spricht. Deshalb entfernt er sich wieder, kehrt aber später zurück. Danach belehrt ihn Lie-tzu folgendermaßen:

> Setze dich! Ich will dir sagen, was ich bei meinem Lehrer gelernt habe. Nachdem ich drei Jahre lang in seinen Diensten gewesen war, wagte mein Geist nicht mehr zwischen Wahr und Falsch zu unterscheiden, mein Mund wagte nicht mehr vom Nützlichen und Schädlichen zu sprechen. Erst dann würdigte mich mein Meister zum ersten Male eines Blicks. Nach fünf Jahren begann mein Geist erneut zwischen Wahr und Falsch zu unterscheiden und mein Mund begann erneut vom Nützlichen und vom Schädlichen zu sprechen. Erst dann hellte sich das Gesicht meines Meisters zum ersten Male auf, und er lächelte. Nach sieben Jahren konnte ich mein Denken befreien; es gab darin keine Vorstellung mehr vom Wahren und vom Falschen. Und ich konnte meine Worte lösen, denn sie hatten nichts mehr mit dem Nützlichen und dem Schädlichen

zu tun. Erst dann lud mich mein Meister zum ersten
Male ein, mich neben ihn auf seine Matte zu setzen.
Nach neun Jahren konnte ich meinen Gedanken und
meinen Worten freien Lauf lassen; ich hatte kein Bewußtsein mehr von Wahrheit und Irrtum, von Nützlichkeit und Schaden, und zwar weder im Hinblick auf
mich noch auf andere. Ja, ich war mir nicht einmal bewußt, daß ich einen Lehrer oder einen Mitschüler hatte. Inneres und Äußeres hatten sich vermischt, und

von da ab waren meine Augen wie meine Ohren,
meine Ohren wie meine Nase, meine Nase wie mein
Mund, ja, all meine Sinne waren gleich. Ich hatte das
Gefühl, daß mein Geist erstarrte, daß mein Körper
zerfiel, daß meine Knochen und mein Fleisch sich auf-
lösten. Ich verspürte nicht länger, daß mein Körper
auf etwas ruhte, meine Füße den Boden berührten,
sondern ich ließ mich vom Wind nach Osten und nach
Westen tragen wie ein Blatt oder ein trockener Span,

wobei ich am Ende nicht mehr wußte, ob ich den Wind oder der Wind mich trug. (*Lie-tzu*, Kapitel 2)

Die Lehre des taoistischen Meisters vollzieht sich schweigend; der Schüler muß intuitiv erfassen, was von ihm verlangt wird. Eine langsame Entrümpelung seines Geistes bringt ihn allmählich seinem Lehrer näher; doch in einem letzten Schritt muß dieser dann aus dem Bewußtsein des in den Zustand der Ekstase gelangten Adepten weichen.

Doch noch ehe er sich der schweigenden Anleitung eines Meisters unterwirft, muß er sich einer geistigen Läuterung unterzogen haben. So ist es ein häufiges Thema taoistischer Texte, daß ein schlecht vorbereiteter Schüler in der Prüfung des Schweigens versagt oder daß er schon zu früh meint, alles gelernt zu haben. Er erfährt aber sehr rasch, wie anmaßend er war, und muß wieder nach Hause zurückkehren oder sich als Einsiedler an einen einsamen Ort zurückziehen. Mitunter bleibt er auf Dauer in dieser Einsamkeit, wie Chuang-tzu dies gerade auch von Lie-tzu berichtet, den sein Lehrer von der eigenen Unzulänglichkeit überzeugt hatte:

> Drei Jahre lang verließ er nicht sein Haus. Er kochte für seine Frau, fütterte seine Schweine (so sorgfältig), als ob er Menschen ernährte. Er trat von sich aus keinem Geschäft näher; er legte alle künstlichen Äußerlichkeiten ab und kehrte zur Rohholzhaftigkeit zurück. Er wurde wie ein Klumpen Erde; inmitten des Trubels zerstreute er sich nicht. So blieb er bis an das Ende seines Lebens. (*Chuang-tzu*, Kapitel 7)

In einer anderen Anekdote bekehrt sich Konfuzius (den Chuang-tzu gern bald in lächerlichen, bald in erbaulichen Situationen auftreten läßt) zu einem Eremitendasein.

Konfuzius brach seinen gesellschaftlichen Verkehr ab, schickte seine Schüler fort und zog sich in ein großes Moor zurück. Er kleidete sich in Häute und Haare und nährte sich von Eicheln und Kastanien. Weder die Herden der wilden Tiere, noch die Züge der wilden Vögel wurden schließlich durch sein Kommen gestört. (Kapitel 20)

Ein Schüler, der würdig ist, das Tao zu empfangen und in der Bahn des Mystikers voranzuschreiten, kommt unter die Aufsicht eines Meisters, der allerdings selbst nicht notwendigerweise alle Stufen der Läuterung durchlaufen haben muß:

Nan-po Tzu-k'uei fragte Nü-yü: »Wie kommt es, daß Ihr trotz Eures vorgeschrittenen Alters das Antlitz eines Kleinkinds habt?« »Wohl weil ich das Tao aufgenommen habe«, antwortete Nü-yü. »Kann man das Tao erlernen?« fragte Nan-po Tzu-k'uei. »Nein«, antwortete Nü-yü, »Ihr seid nicht der richtige Mann. Pu-liang I hatte zwar die Anlage eines Heiligen; ihm fehlte aber das Tao; umgekehrt hatte ich zwar das Tao, aber nicht die Anlage. Ich wollte es ihn lehren in der Hoffnung, daß er tatsächlich ein Heiliger würde. Jedenfalls meinte ich, daß es leicht sein müßte, das Tao der Heiligkeit jemandem beizubringen, der bereits die Anlage dazu besaß. Ich nahm ihn mir also vor, belehrte ihn und beobachtete ihn. Nach drei Tagen vermochte er die Welt aus seinem Bewußtsein auszuscheiden. Ich beobachtete ihn weiter, und nach sieben Tagen konnte er ihm Naheliegendes aus seinem Bewußtsein ausscheiden. Ich beobachtete ihn noch weiter, und nach neun Tagen konnte er sein eigenes Sein aus dem Bewußtsein ausscheiden. Nachdem er sein eigenes Sein ausgeschieden hatte, hatte er eine Erleuchtung bei aufgehender Sonne. Nach dieser Erleuchtung bei aufgehender Sonne hatte er eine Vision des Einzigen. Nach seiner Vision des Einzigen gab es für ihn nicht mehr (den Unterschied) zwischen Vergangenheit und Gegenwart. Nachdem es für ihn den Unterschied zwischen Vergangenheit und Gegenwart nicht mehr gab, ging er ein in den Bereich, in dem es weder Leben noch Tod gibt. (Kapitel 6)

Der Meister scheint während des Unterrichts sich rein passiv zu verhalten, wie dies die Lehre des *wu wei* und auch eine wortlose Belehrung erfordern. Denn es ist ja der Adept, der fortschreiten und nach und nach die Bestandteile seines sozialen Ichs abwerfen muß. Wahrscheinlich bestand die Rolle des Meisters darin, den Rhythmus für den Aufstieg zur ekstatischen Vollkommenheit zu bestimmen, so wie wir dies soeben sahen – in Etappen von drei, sieben und neun Tagen, Monaten oder Jahren. Auch griff er dadurch zu Beginn der Einweihung ein, daß er durch eine Kritik der Werte und Vorurteile den Aufbruch zur Befreiung einleitete. Insofern spielt am Anfang die Reflexion eine wichtige Rolle; von einem bestimmten Zeitpunkt an, wenn die Erleuchtung eingetreten ist, erscheint sie nicht mehr angebracht. Die einzige Aufgabe der Reflexion war es ja, das Bewußtsein von belastenden Urteilen und Meinungen zu entleeren.

Vor allem ist es notwendig, daß man sich am Anfang jeder geistigen Entwicklung darüber klar wird, daß jede nach außen gerichtete Aktivität, selbst solche, die nur durch Ablenkungen hervorgerufen wird, eine ganze Reihe schwerer Reaktionen auslöst. Um diese Wahrheit zu erkennen, bedarf es nicht notwendigerweise stets eines Lehrers. Die eigene Erfahrung ist noch immer der

beste Lehrer; sie kann zum Anlaß einer plötzlichen Be-
kehrung werden. Eben dies wird in der folgenden Anekdote von Chuang-tzu selbst berichtet:

Als sich Chuang Chou im Park von T'iao-ling erging,
erblickte er einen seltsamen Vogel, der aus dem Süden
gekommen war; seine Flügelspannweite betrug 7 Fuß,
und seine Augen maßen 1 Zoll in der Breite. Im Vor-
überfliegen streifte er die Stirn Chous und baumte
dann in einem Kastanienwald auf. Chuang Chou
fragte sich: »Was ist das für ein Vogel, der trotz seiner
großen Schwingen nicht weiterfliegt und trotz seiner
großen Augen nichts zu sehen scheint?« Und er
schürzte sein Gewand und lief ihm nach.

Doch als er, mit der Armbrust in der Hand, auf ihn
lauerte, gewahrte er eine Zikade, die einen angeneh-
men Platz im Schatten gefunden hatte und sich völlig
vergaß. Da stürzte sich mit erhobenen Zangen eine
Gottesanbeterin auf sie, denn beim Anblick dieser
Beute hatte jene sich selbst vergessen. Diese Gelegenheit wiederum nutzte der seltsame Vogel und wollte
beide verschlingen – wobei er seinerseits sein echtes
Wesen vergaß und Chuang Chou ihn schießen konnte.
Chuang Chou seufzte: »Welcher Jammer! Die Wesen
fügen sich gegenseitig Schaden zu. Diese beiden haben
sich wechselseitig ins Verderben gezogen!« Und damit
warf er seine Armbrust fort und ging davon. Der
Waldhüter verfolgte ihn mit Beschimpfungen.

Nach Hause zurückgekehrt, ließ er sich drei Monate
nicht in seinem Hof sehen. Da fragte ihn Lan Ch'ü:
»Meister, warum seid Ihr so lange nicht in Euren Hof
gekommen?« Chou antwortete: »Bisher hatte ich
meine Gestalt bewahrt und dabei mich selbst vergessen. Dabei blickte ich auf ein trübes Wasser und

wähnte eine reine Quelle wahrzunehmen. Von meinem Lehrer habe ich gelernt, daß, wenn man sich mit dem Gemeinen abgibt, man wieder gemein handeln muß! Als ich im Park von T'iao-ling lustwandelte, habe ich mein eigenes Wesen vergessen. Ein seltsamer Vogel streifte meine Stirn und ließ sich in einem Kastanienwald nieder, wo er sein wahres Wesen vergaß. Darauf beschimpfte mich der Waldhüter. Dies ist der Grund, weshalb ich mich seither nicht habe in meinem Hof sehen lassen.«[11] (Kapitel 20)

Durch dieses Erlebnis war Chuang-tzu plötzlich auf die Gefahr aufmerksam geworden, die aus den Leidenschaften rührt, die die Seele beeinträchtigen. Sie, die wie ein stilles und reines Wasser sein sollte, gleicht dann einem schlammigen Gewässer. Der Geist des Heiligen soll nach Auffassung der Taoisten so still, so regungslos sein, daß er einem Spiegel gleicht: »Einem Spiegel des Himmels und der Erde, der die Vielfalt der Dinge reflektiert.« (Kapitel 13) Schon Lao-tzu hatte uns aufgefordert, unseren geistigen Spiegel zu polieren. Chuang-tzu vergleicht den Geist, der die Leidenschaften hinter sich gelassen hat, mit einem ruhigen und reinen Wasser, das »so klar ist, daß es selbst noch die einzelnen Haare des Bartes und der Augenbrauen reflektiert«.

Tatsächlich läßt die mystische Läuterung uns unsere natürliche Verfassung oder, richtiger, um den Ausdruck des Chuang-tzu zu gebrauchen, unsere »himmlische« Verfassung wiederfinden. Denn für die Taoisten ist unsere Seele wesensmäßig still und passiv. Im *Huai-nan-tzu* heißt es, daß die himmlische Ordnung, die durch die Verlockungen der äußeren Welt zerstört wird, auf dem Weg einer abgelösten Teilnahmslosigkeit zurückgewonnen werden kann:

Der Mensch ist von Geburt her still. Dies ist seine
himmlische Wesensnatur. Unter dem Einfluß (der
Dinge) wird er bewegt; dies ist der Verfall seiner Wesensnatur. Unter dem Andrang der äußeren Wesen
reagiert seine geistige Kraft; dadurch wird sein Wissen
in Bewegung gesetzt. Indem sich das Wissen mit den
(äußeren) Wesen trifft, entstehen (in ihm) Zuneigung
und Abneigung. Dadurch verlieren die Wesen ihre
wahre Gestalt und das nach außen gezogene Wissen
kann nicht mehr in sich selbst zurückkehren; dadurch
wird die himmlische Ordnung (der Menschen) zerstört. Jene aber, die das Tao erreicht haben, vertau-
schen das Himmlische nicht mit dem Menschlichen.[12]
(*Huai-nan-tzu*, Kapitel 1)

Der Adept, dem es gelungen ist, den Kern seines Wesens
von jeder Befleckung zu reinigen, der mithin wie ein
Spiegel geworden ist, der seine Rohholzhaftigkeit und
seine Einheit wiedergefunden hat, in dem nimmt das Tao
Wohnung, von dem er sich dann nicht mehr unterscheidet. Äußerlich gesehen führt diese Vereinigung zum
Eindruck, daß der Adept nicht mehr gegenwärtig ist
oder, richtiger, daß er nur noch mit seinem Körper gegenwärtig ist, während seine Seele abwesend zu sein
scheint. Wir haben bereits den Passus des Lao-tzu über
die Trance zitiert, in dem jener erklärte, daß er sich zum
Ursprung aller Dinge begeben hatte. Das 2. Kapitel des
Buchs *Chuang-tzu* über die Gleichheit der Wesen und
Meinungen beginnt mit dem Bild eines Menschen in
Trance, der wie Lao-tzu in einem Zustand der Entrük-
kung zu sein scheint:

Nan-kuo-tzu Chi saß gegen einen Schemel gelehnt.
Sein Atem ging leise, sein Antlitz war gen Himmel ge-
wendet. So erschien er, als ob er die Hälfte seines

Selbst verloren hatte. »Was soll das heißen?« fragte Yen-ch'eng-tzu Yu, der zugegen war. »Kann man tatsächlich seiner Gestalt ein solches Aussehen von totem Holz und seiner Seele die Empfindungslosigkeit kalter Asche geben?«

Und in einem anderen Kapitel wird geschildert, wie ein Schüler in Trance fällt, während sein Lehrer zu ihm spricht:

Nie-ch'üe fragte P'ei-i über das Tao. P'ei-i antwortete: »Richte deine Gestalt gerade, konzentriere deinen Blick nur auf eines, und die himmlische Harmonie wird sich bei dir einstellen. Konzentriere dein Wissen, mache einheitlich deine Erkenntnis, und konstellierende Kraft (›Geist‹) wird in dir Wohnung nehmen. Das Tê wird dich schön machen, das Tao wird dich behausen. Dann wirst du die Unschuld eines neugeborenen Kalbs haben; und du wirst keine Fragen stellen.« Noch hatte P'ei-i diese Rede nicht beendet, als Nie-ch'üe schon eingeschlafen war. P'ei-i entfernte sich und sang dabei:

»Seine Gestalt ist wie vertrockneter Knochen,
Sein Herz ist wie tote Asche!
Er hat jetzt wahrhaft die volle Erkenntnis.
Er wird nicht mehr vom Hergebrachten gefangengehalten.
Fern ist er, in Dunkelheit gehüllt.
Mit ihm, der nun ohne Bewußtsein (*hsin*, ›Herz‹) ist, lassen sich nicht mehr Pläne schmieden.
Was für ein Mensch ist er nun!?« (Kapitel 22)

Der so dahingestreckte und geistesabwesende Ekstatiker erweckt den Eindruck, daß er sich, der irdischen Schwere entledigt, gen Himmel schwingt. Solches heißt bei Chuang-tzu »eine Fahrt des Geistes« (der Titel seines

1. Kapitels) oder in einem berühmtem Gedicht »Fahrt in
die Ferne«.

Die Fahrt des Geistes

Der Sage nach vermochte Lie-tzu auf dem Wind zu rei-
ten. Aus dem vorangehenden Text ersehen wir, daß es
sich tatsächlich um eine Fahrt des Geistes handelte.
Ohne Zweifel war der Glaube an die Möglichkeit des
magischen Fluges auf dem Wind oder auf irgendeinem

anderen wunderbaren Gefährt in den taoistischen Kreisen etwas Gängiges. Auch Chuang-tzu berichtet von
Lie-tzu, daß dieser auf dem Wind gefahren sei, und bewundert diese Tat als das Zeichen einer hohen, wiewohl
noch nicht vollkommenen Heiligkeit. Denn eine Fahrt
der Seele würde von überhaupt keinen äußeren Bedin-
gungen abhängen, nicht einmal vom Wind.

Jene aber, die auf den unvermischten Kräften des
Himmels und der Erde fahren und es verstehen, die
Unterscheidungen der Sechs *ch'i* anzuschirren, um
sich im Grenzenlosen zu ergehen, wovon könnten
jene noch abhängen? (Kapitel 1)

Das bedeutet also, daß der Heilige in vollkommener
Symbiose mit dem Kosmos lebt und seinen Lebens-
rhythmus so gut mit dem der großen Naturkräfte, dem
Yin und dem Yang und ihren Verbindungen (die sich in
den Jahreszeiten, in den Wetterzeichen und, viel allgemeiner, in allen Wesen zeigen), in Einklang bringt, daß
er mit ihnen verschmilzt und so an der Unendlichkeit der
Natur und deren Unsterblichkeit teilhat. Darin eben besteht das wahre Leben, das verschieden ist vom gewöhnlichen Leben, vom biologischen Leben, dessen Gegenstück der Tod ist. Deshalb hegten die taoistischen Philosophen für die meisten physiologischen Übungen, deren
Ziel es war, das Leben unendlich zu verlängern, nichts als
Verachtung. Für sie gibt es nur im Tao die wahre Unsterblichkeit. Wahrscheinlich stellten sie sich diese als
eine fortwährende Ekstase vor. So beschreibt Chuang-
tzu ein Zauberland, in dem Genien, eine Art Halbgötter
oder Übermenschen, leben und die gewissermaßen das
Vorbild für den Heiligen abgeben. Wie Lie-tzu »werden
sie von Luftströmungen oder Wolken getragen, von flie-
genden Drachen gezogen ... Sie lustwandeln jenseits der

Vier Meere (d.h. außerhalb des Raums); ihre geistige
Macht hat sich konkretisiert«. Der letztgenannte Ausdruck ist wichtig, drückt er doch metaphorisch aus,
worin im wesentlichen die spirituelle Technik der Taoisten besteht: die Kräfte der Seele sollen wie ein gefrieren-
des Wasser zum Erstarren gebracht, oder aber auf einen
einzigen Punkt konzentriert werden. Dies entspricht der
Vorschrift des Lao-tzu: »Umfaßt die Einheit, entleert
euren Geist von allen ihn belastenden Vorstellungen.«
Der Eingeweihte, der es bei dieser Befreiung zu Vollkommenheit bringt, ist einem Gott vergleichbar:

> Der vollkommene Mensch ist rein im Geist. Er ver-
> spürt weder die Hitze brennenden Buschwerks noch
> die Kälte über die Ufer getretener Wasser. Weder der
> Blitz, der Berge spaltet, noch der Orkan, der den
> Ozean auftürmt, vermögen ihn zu schrecken. Ihm bie-
> ten sich die Wolken als Gespanntiere, Sonne und
> Mond als Reittiere. Er streift jenseits der Vier Meere
> umher. Die Wechselfälle des Lebens und des Todes
> berühren ihn nicht, und noch weniger Begriffe von
> Gut und Böse. (Kapitel 2)

In Wirklichkeit sind diese Fahrten Reisen in unserem Innern – wie dies aus einer Stelle des Buchs *Lie-tzu* klar
wird. Darin erhält Lie Yü-k'ou selbst – zu einer Zeit, als
er wohl noch nicht auf dem Wind fahren konnte – von
seinem Lehrer die Einweihung in das Geheimnis des
Fahrens:

> Du strebst im Äußeren zu fahren, du verstehst es noch
> nicht, nach der inneren Kontemplation zu streben.
> Wenn wir im Äußeren fahren, versuchen wir aus den
> Wesen zu ergänzen, was uns fehlt. Wenn wir nach in-
> nen blicken, gewinnen wir alles, dessen wir bedürfen,
> aus uns selbst. Solches ist die Vollendung des Fahrens;

das Erstgenannte ist unvollkommenes Fahren . . . Der
vollkommene Reisende weiß nicht, wohin er gelangt;
der vollkommene Betrachter weiß nicht, was er vor
Augen hat. (*Lie-tzu*, Kapitel 4)

Solche Fahrten des Geistes sind von gleicher Natur wie
jene, die man im Traum vollführt. Wir sahen schon, daß
für die Taoisten der Traum ebenso wirklich ist wie der
Wachzustand. Im Buch *Lie-tzu* wird erzählt, wie Huang-ti (der »Gelbe Fürst«), dem endlich die Sinnlosigkeit
seiner Bemühungen nach einer guten Regierung in seinem Reich klar geworden war, schließlich sich in die Einsamkeit zurückzog, um seine Persönlichkeit durch Askese zu bilden. Da träumte er, daß er im Verlauf einer
Reise in das Land des Hua-hsü gelangte:

Es ist dies ein Land, das man weder zu Schiff noch zu
Wagen noch zu Fuß erreichen kann, sondern nur auf
einer Fahrt des Geistes. (Kapitel 2)

Im gleichen Werk wird von König Mu der Chou erzählt,
der unter Anleitung eines Zauberers im Traum eine
wunderbare Reise durch die himmlischen Länder unter-
nimmt. Schließlich erreichen beide einen Ort, in dem sie
weder die Sonne noch den Mond über sich und weder
Flüsse noch Seen unter sich wahrnehmen. Nun hatte
König Mu allerdings nicht hinreichendes Tê, um ohne
Schwindel den reinen Raum zu erleben. So bittet er darum, zurückkehren zu dürfen, und findet sich sogleich in
seinem Palast wieder. Seinem Gefolge hatte es geschie-
nen, daß er nur einige Augenblicke lang eingeschlafen
war. Der Zauberer erklärt ihm, daß diese langen Fahrten
nur im Geiste stattfinden. Nun war aber König Mu ganz
entschieden nicht zu solchen Fahrten des Geistes begabt.
Deshalb hat er nach diesem Abenteuer jene berühmten
Reisen unternommen, die ihn bis zur Königin-Mutter

des Westens führten und in dem ältesten chinesischen Roman, dem *Mu t'ien-tzu chuan* (»Biographie des Himmelssohns Mu«), ihren Niederschlag gefunden haben.

Fahrten der Seele sind auch ein vertrautes Motiv der Literatur des alten Staats Ch'u, von der wir eine Probe in der Anthologie *Ch'u-tz'u* haben. In ihr finden sich vor allem Gedichte des Ch'ü Yüan, des berühmtesten Dichters des chinesischen Altertums. Im Gedicht *Li-sao* wird der Dichter in den Himmel entrückt und besucht dort wunderbare Orte, an denen ihm mythische Gestalten begegnen. Am besten wird das Motiv allerdings in einem noch anderen Gedicht, dem *Yüan-yu* (»Die Fahrt in die Ferne«), behandelt, das Ch'ü Yüan zu Unrecht zugeschrieben wird, in Wirklichkeit auf das 1. oder das 2. Jahrhundert vor der Zeitwende zurückgeht. Dieses Gedicht ist ganz im Geiste der Taoisten geschrieben: Der Dichter, betrübt angesichts der Sitten seiner Zeit, gelobt, sich der Schwerkraft zu entziehen und in die Himmel zu erheben, um eine Fahrt in die Ferne zu unternehmen. Doch wie dies beginnen? Noch während er besorgt zögert –

»wurde mein Geist plötzlich entführt und verließ meinen Körper, der wie ein Stück trockenen Holzes allein zurückblieb«.

In der Folge ist in diesem Gedicht von Methoden der Atemführung die Rede, die wohl die wichtigste technische Voraussetzung für einen mystischen Flug gewesen sein dürften und die im späteren Taoismus eine große Rolle spielen. Wir sahen bereits, daß auch Lao-tzu von Atemübungen spricht und daß Chuang-tzu berichtet, daß die vollkommenen Menschen früherer Zeiten eine tiefe Atmung hatten. Er ergänzt allerdings, daß diese Atmung nicht nur über Kehle und Lungen wie bei den gewöhnlichen Sterblichen sich vollzog, sondern daß der ganze Körper bis zu den Fersen daran beteiligt war. Es dürfte sich also auch hier nicht um eine einfache Atemübung gehandelt haben, sondern um eine Meditationstechnik, wie wir solche weiter unten noch zu besprechen haben werden; also um eine innerliche Übung, deren Ziel es wohl gewesen sein muß, die Lebenskräfte zu konzentrieren und die psychischen Kräfte zusammenzuhalten.

Der Eingeweihte, der durch die Ekstase sich von den Banden des Leibes befreien konnte, hatte das Gefühl, sich in die Lüfte zu erheben und jenseits von Raum und Zeit dahinzuschweben. Er war dann vergleichbar jenen ätherischen Genien, die in den Ländern der Sage lebten. Nun bemerkt schließlich Chuang-tzu zum Schluß seiner Beschreibung dieser Genien, deren Geist »konkretisiert« sei:

Sie schützen die Wesen gegen Seuchen und gewährleisten reiche Ernten.

Der taoistische Heilige war der Überzeugung, daß er der Welt am meisten nützen kann, wenn er sich aus dieser zurückzieht und ein Leben der Ekstase führt.

Mystik und Staatskunst

Einer der Ausdrücke, die die Läuterung der Seele bezeichnen, ist *hsin-chai*, also etwa »Enthaltsamkeit des Herzens«. *Chai* bedeutete in der Praxis der klassischen Religion jene rituelle Abstinenz, die den Opfern vorauszugehen hatte. Chuang-tzu gebraucht den Ausdruck *hsin-chai* an einer Stelle, in der er Konfuzius zusammen mit dessen Lieblingsschüler Yen Hui in Szene setzt, im

Kapitel 4. Dieser schickt sich an, einen bestimmten Tyrannen zu besuchen, um zu versuchen, ihn etwas zivilisierter zu machen. Der Meister, d.h. Konfuzius, dem Chuang-tzu hier taoistische Gedanken in den Mund legt, warnt ihn vor Aktivität und bewußtem Wollen, eine Haltung, die zwangsläufig eine gefährliche Reaktion bei seinem furchtgebietenden Gesprächspartner auslösen müßte. Er rät ihm, sich vor seiner Abreise zu reinigen und seinen Geist durch Enthaltsamkeit *(chai)* zu konzentrieren – Ratschläge, die er folgendermaßen erklärt:

> Mache deinen Willen einheitlich! Höre nicht mehr mit den Ohren, sondern mit dem Herzen! Höre nicht mehr mit dem Herzen, sondern mit dem *ch'i*. Denn die hörende Wahrnehmung hat in den Ohren ihre Beschränkung; das Herz (= das Bewußtsein) ist beschränkt durch seine Anpassung (an bestimmte äußere Dinge); das *ch'i* hingegen nimmt durch Leerheit die Wesen auf. Und das Tao stellt sich in der Leerheit ein. Diese Leerheit wird durch Enthaltsamkeit des Herzens (des Bewußtseins) erzielt.

Nachdem er die Enthaltsamkeit des Herzens erfahren hatte, hatte Yen Hui das Gefühl, sein Ich verloren zu haben:

> »Bevor ich diese Methode anwenden konnte, hatte ich ein Bewußtsein meiner selbst. Jetzt, nachdem ich sie anwenden konnte, ist es, als ob ich, Hui, niemals existiert hätte. Ist dies die Leerheit?« »Vollkommen!« antwortete Konfuzius.

Wir begegnen hier einer Besonderheit der taoistischen Mystik: ihrer praktischen Wirksamkeit. Die Läuterung der Seele ist eine Methode, um in der Welt zu leben und in ihr »zu handeln, ohne zu handeln«. Der Heilige, in dem das Tao in vollem Umfang Wohnung genommen hat, besitzt von da ab ein Tê, eine mystische Macht, die auf andere eine gedeihliche, aber unmerkliche Wirkung ausübt. Die Taoisten betonen die Notwendigkeit, »den eigenen Glanz zu verbergen«: Nicht zu glänzen! Das Licht des Geistes muß im Innern bleiben. Träte es äußerlich in Erscheinung, könnte es eine Blendwirkung hervorrufen und hörte damit auf, eine reine Wohltat zu sein. Die Macht des Heiligen ist unendlich, vorausgesetzt, daß sie verborgen bleibt.

Selbst im Alltagsleben sind die Begegnungen zwischen den Wesen nur dann ohne Gefahr, wenn sie sich vollkommen absichtslos vollziehen. Die Tiere sind hierin nicht zu täuschen. Sie spüren intuitiv die Bewußtseinsverfassung desjenigen, der sich ihnen nähert:

> Ein junger Mann, der am Meer wohnte, liebte die Möven sehr. Jeden Morgen ging er ans Ufer, um mit den Möven zu spielen, die arglos zu Hunderten kamen. Eines Tages sagte der Vater des jungen Mannes zu ihm: »Ich höre, daß die Möven mit dir vertraut spielen. Bringe mir doch einige, damit ich auch mit ihnen spielen kann.« Als der junge Mann am nächsten Tag an das Meer ging, spielten die Möven hoch in den Lüften über ihm, doch keine einzige senkte sich zu ihm herab. (*Lie-tzu*, Kapitel 2)

Hier haben wir den Grund, weshalb Yen Hui sein Bewußtsein (»Herz«) leermachen sollte, ehe er vor den Tyrannen trat.

Gleiches gilt für den, der herrschen will. Alle chinesischen Philosophen beschäftigen sich mit der Problematik der Staatskunst. Trotz seines Individualismus bildet hier Chuang-tzu keine Ausnahme. Er, der in einer besonders unruhigen Epoche lebte, mußte zwangsläufig bestimmte

天之極上處至地之極下處總八萬
四千里自天之極上處至地之上四
萬二千里人身亦然故曰天地之間自天之極上處至地之上四萬二千里自地之極下處至地之上四
黃中乃土之正色而仁在其中也故曰安土敦乎仁至於義也禮也智也
皆根於此故曰仁義禮智根於心渾然在中粹然在善故曰在止於至善知止而后有定若夫之民其止書之安汝
止者止之義也亦謂之審故曰聖人以此洗心退藏於密其中本虛原與太虛渾而為一故曰聖人與太虛同體

中心圖

易曰天下何思
何慮論語曰
天下歸仁此
天下下字與
天地之間
字天地之心
心字皆指此
中而言所謂
孔顏樂處是也

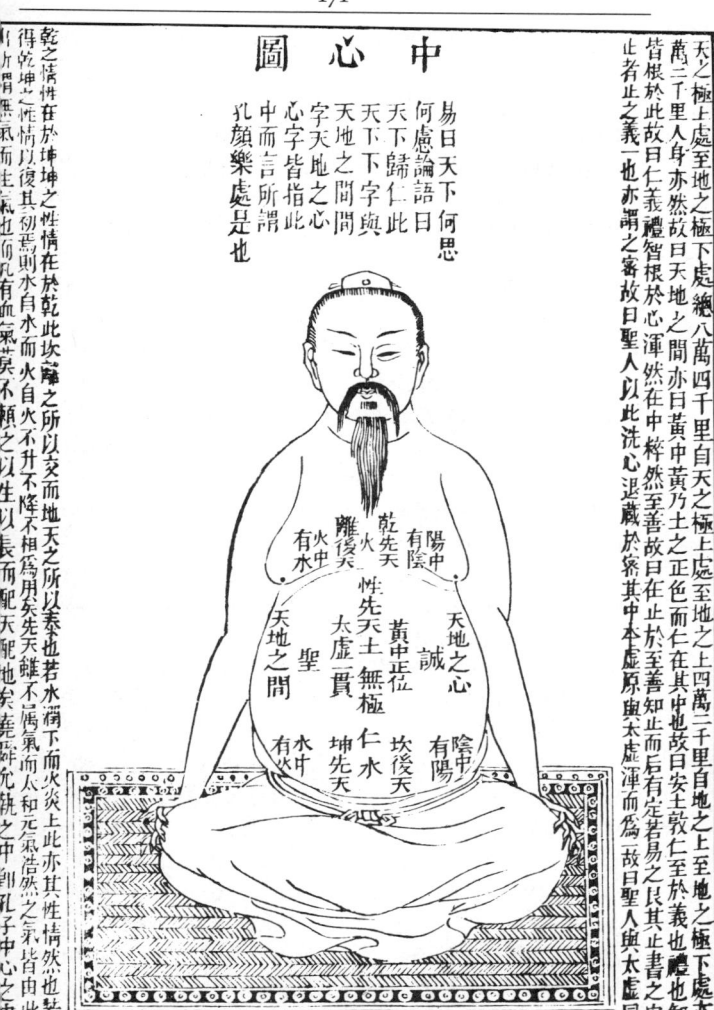

陽中有陰　　　天地之心
乾先天　　　　誠
離後天　　　　陰中有陽
火中有水　　　黃中正位　聖
天地之間　　　性先天土無極　坎後天
有火　　　　　太虛一貫
　　　　　　　仁水
　　　　　　　坤先天
　　　　　　　水中有火

乾之情性在於坤之性情在於坎離之所以交而地天之所以泰也若水禍下而火炎上此性情然也若不
得乾坤之性情則水自水而火自火不升不降不相為用矣先天雖不用矣而元氣渾浩之氣皆由此中不
一片甲胃無主宰也何有血氣耳矣失不頓之以生以長而死天既也矣堯舜允執之中即孔子中心之中也

Vorstellungen zu den Fragen von Krieg und Frieden, Ordnung und Chaos haben. Was er allerdings darüber sagt, ist so wenig realistisch wie nur möglich. Natürlich verurteilt er den Krieg, nicht, weil man seinen Nächsten lieben muß (was aus seiner Sicht das beste Mittel wäre, ihm zu schaden!), sondern weil jede weltliche Unternehmung vergeblich ist, zum Scheitern verurteilt. Um regieren zu können, so erklärt er, braucht der Fürst nur für seine eigene Seele Sorge zu tragen. Ein König von Wei ist sich unschlüssig: Soll er den Staat Ch'i bekriegen? Sein Minister und sein Feldherr vertreten jeweils gegenteilige Meinungen und beschuldigen sich wechselseitig des Schwachsinns. Der Taoist Hua-tzu tritt auf und sagt: »Jener, der so beredt für den Krieg gegen Ch'i auftritt, ist sicher ein Schwachsinniger, aber jener, der mit gleicher Eloquenz das Gegenteil fordert, ist es ebenfalls. Und wer die Mitglieder der Kriegspartei schwachsinnig nennt – oder aber ihre Gegner –, ist auch ein Schwachsinniger!« »Wie also soll ich verfahren?« fragte der König. »Majestät, Ihr müßt das Tao suchen, das ist alles!«

Davon überzeugt, daß allein die Gegenwart des Tao wahre Macht gibt, fordert Chuang-tzu vom Herrscher, daß er in sich die Heiligkeit entwickle. Der für die natürliche Ordnung verantwortliche Herrscher müsse den Unsterblichen gleichen, die aus ihren Paradiesen zum Erfolg der Ernte beitragen. Die bloße Gegenwart eines Heiligen in einem Land genügt, um dessen Bewohnern den Wohlstand zu sichern. So forderte man vom König (später vom Kaiser), daß er als Asket leben und sich nicht in den Lauf der Dinge einmischen sollte. Philanthropischer Eifer, zivilisatorische Initiativen, der Zwang durch Gesetze – all dies erschien Chuang-tzu als Vergehen gegen den Himmel, gegen die Natur. Die von den Konfuzianern vielgelobten kulturschöpfenden Könige des Altertums haben nach Auffassung der Taoisten nur eins geleistet: die Menschen zu verderben und die natürliche Spontaneität der Wesen zu zerstören. Das Gleiche gilt für die ersten Erfinder:

Als die Pferde ungebunden auf den Wiesen lebten, weideten sie das Gras und tranken sie Wasser. Fühlten sie sich wohl, so legten sie die Hälse gegeneinander, um sich aneinander zu reiben. Waren sie mißgelaunt, so kehrten sie sich gegenseitig die Hinterteile zu und schlugen aus. Darin erschöpfte sich ihr Können. Doch als man damit begann, sie einzuspannen und anzuschirren, lernten sie, widerborstig zu sein, den Hals zu krümmen, durchzugehen oder Zaum und Trense abzustoßen. (Kapitel 9)

Zur Zeit als die Menschen noch nicht verdorben waren, lebten sie zu Hause, ohne zu wissen, was sie tun sollten, spazierten sie umher, ohne zu wissen, wohin sie gingen. Sie aßen und tranken vergnügt, klopften sich auf den Bauch und wanderten heiter umher. Ihr Können beschränkte sich auf diese Dinge. Doch als die (konfuzianischen) Weisen mit ihren rituellen Verrenkungen und ihrer Musik auftraten und darauf abzielten, die Haltungen in der ganzen Welt zu reglementieren, als sie anhuben, ihre Tugend herauszustellen, in der Hoffnung, damit die Geister zu gewinnen, da begannen die Menschen sich um der Liebe zur Wissenschaft willen anzustrengen und um des Reichtums willen zu streiten, und es gab kein Halten mehr. Darin liegt der Irrtum der Weisen. (Kapitel 9)

Wohl unter Rückgriff auf einen alten Mythos erzählt Chuang-tzu folgendes Märchen, um die Untaten unvorsichtiger Verfechter von Kultur anschaulich zu machen:

Der Herrscher über den Südlichen Ozean war Shu, der
Herrscher über den Nördlichen Ozean war Hu, der
Herrscher über die Mitte war Hun-t'un, das Chaos.
Shu und Hu trafen sich mitunter auf dem Gebiet des
Hun-t'un, der sie sehr großzügig bewirtete. So über-
legten Shu und Hu, wie sie die Tugend des Hun-t'un
vergelten könnten, und folgerten: Jeder Mensch hat
sieben Öffnungen zum Sehen, Hören, Essen, Atmen.
Nur diesem hier fehlen sie. Versuchen wir also, sie ihm
zu bohren. Und so schickten sie sich an, ihm jeden Tag
eine Öffnung anzulegen. Am 7. Tag starb Hun-t'un,
das Chaos. (Kapitel 7)

Hun-t'un, das Chaos, hatte die Vollkommenheit einer
Kugel und die Rohholzhaftigkeit *(p'u)* des noch undifferenzierten Wesens, die Fülle der Möglichkeiten des Em-
bryos, das eine Konzentration in sich zusammengefaßter
Lebenskraft darstellt. Von unzeitigem Eifer gedrängt,
möchte man das Chaos wie alle anderen Menschen machen, ihm kultivierte Lebensart beibringen, indem man
ihm Organe schafft, die seine Einheitlichkeit zerstören.
Der Mythos symbolisiert in vollkommener Weise die
Erbsünde der Gründerheroen.

Chuang-tzu stellt gern den Gegensatz zwischen Himmlischem und Menschlichem, mit anderen Worten, zwischen dem, was von der Natur kommt, und dem, was
von der Gesellschaft kommt, heraus. Seiner Meinung
nach müsse man jedem Kunstgriff, ja selbst der Technik
entsagen, weil durch sie nur scheinbar die Arbeit des
Menschen erleichtert, er in Wirklichkeit hingegen sittlich
erniedrigt wird. Deshalb wird es der Taoist vorziehen, in
ganz kleinen Gemeinschaften ein unscheinbares Leben
zu führen; man glaubte, daß solche Gemeinschaften zu
einer Zeit, als noch das vollkommene Tê herrschte, be-

standen. Damals seien die Fürstentümer klein gewesen, hätten wenige Einwohner gehabt. Diese übermittelten Nachrichten nicht durch die Schrift, sondern durch Knotenschnüre. Sie waren mit ihrer bescheidenen Nahrung zufrieden, fanden ihre Kleidung schön, fühlten sich mit ihren Bräuchen und ihren Behausungen wohl. Die Hauptorte lagen so nahe beisammen, daß man vom einen zum andern blicken, die Hunde bellen und die Hähne krähen hören konnte. Dennoch wurden die Bewohner dieser Orte alt, ohne daß sie jemals mit den Nachbarn Verkehr aufgenommen hätten. In jener Zeit bestanden ideale Herrschaftsverhältnisse. (*Chuang-tzu*, Kapitel 10, *Lao-tzu*, Kapitel 80)

Das Lob des Unnützen

Der taoistische Heilige »placiert sich in den Mittelpunkt des Kreises« und läßt den Dingen ihren spontanen Lauf. Er hütet sich, irgend etwas für das öffentliche Wohl zu tun, denn Heiligkeit und profaner Nutzen sind miteinander nicht vereinbar. Im Anschluß an Lao-tzu, der feststellte, daß alle Wirksamkeit in der Leerheit ihren Sitz hat und daß man keine Verdienste anhäufen dürfe, proklamiert Chuang-tzu den überragenden Wert des Unnützen. Für einen Baum gibt es erst dann eine Aussicht aufzuwachsen und einen stattlichen Wuchs zu erreichen, wenn sein Holz in den Augen des Schreiners wertlos ist.

Im Fürstentum Sung gab es einen Ort Ching-shih, (dessen Lage) für Katalpas, Zypressen und Maulbeerbäume besonders günstig war. Sobald der Stamm dieser Bäume auch nur ein oder zwei Spannen Umfang

hatte, wurden sie von Leuten geschlagen, die Pfähle zum Anbinden ihrer Affen brauchten. Stämme, die drei oder vier Ellen Umfang hatten, wurden gefällt, um als mächtige Firstbalken zu dienen. Endlich jene, die sieben oder acht Ellen Umfang hatten, wurden gefällt, um zur Herstellung von Särgen für Adelige oder für reiche Kaufleute Verwendung zu finden. Kurzum, statt das natürliche Ende ihres Lebens zu erreichen, fanden diese Bäume unter der Axt des Holzfällers auf dem halben Weg ihrer Wachstumsmöglichkeiten ein frühes Ende. Darin lag ihr durch die gute Qualität ihres Holzes bedingtes Unglück. Ähnlich verhielt es sich dann, wenn man zur Besänftigung des Flußgottes Opfer suchte: Dann war weder ein Rind mit weißer Stirn noch ein Schwein mit überlangem Rüssel noch ein Mädchen mit Hämorrhoiden geeignet – wie die Zauberinnen und Priester behaupteten; denn diese Merkmale sollen Unglück anzeigen. In den Augen des Weisen hingegen sind sie die Zeichen großen Glücks...
Das Gebirge zieht durch seine Wälder selbst die Strolche an, die es plündern werden. Der Talg zerstört sich selbst durch den Umstand, daß er brennbar ist. Der Zimtbaum wird gefällt, weil er eßbare Teile aufweist. Der Lackbaum wird aufgeschlitzt, weil sein Saft verwertet werden kann. So kennen alle Menschen nur den Vorteil der Nützlichkeit, sie kennen aber nicht den Vorteil des Unnützen. (Kapitel 4)
Nun gehören natürlich auch Nützliches und Unnützes zu jenen komplementären Begriffen, die der Taoist ablehnt. Denn im übrigen dürfte man auch nicht behaupten, man müsse nur unnütz sein, um jeder Gefahr zu entgehen. Das Unnütze der Taoisten gehört irgendwie in den Bereich des Absoluten:

Als Chuang-tzu einmal durch ein Gebirge reiste, erblickte er einen großen Baum mit prächtigem Laubwerk. Die Holzknechte, die zugegen waren, verschmähten ihn offenkundig. So fragte sie Chuang-tzu nach dem Grund. »Er taugt zu nichts«, war die Antwort. Dazu Chuang-tzu: »Weil das Holz dieses Baums zu nichts taugt, wird er seine natürliche Lebensspanne erleben.« Nachdem der Meister das Gebirge wieder verlassen hatte, kehrte er bei einem alten Freund ein. Dieser war über das Kommen des Besuchers so erfreut, daß er einem Diener befahl, eine Gans zu schlachten und zu braten. Der Diener fragte darauf: »Welche soll ich schlachten, die, die schreien kann, oder die, die nicht schreien kann?« »Schlachte die, die nicht schreit«, sagte der Gastgeber. Am nächsten Morgen fragten die Schüler den Chuang-tzu: »Bei jenem Baum, den wir gestern im Gebirge sahen, scheint es so zu sein, daß er dank seiner Untauglichkeit seine

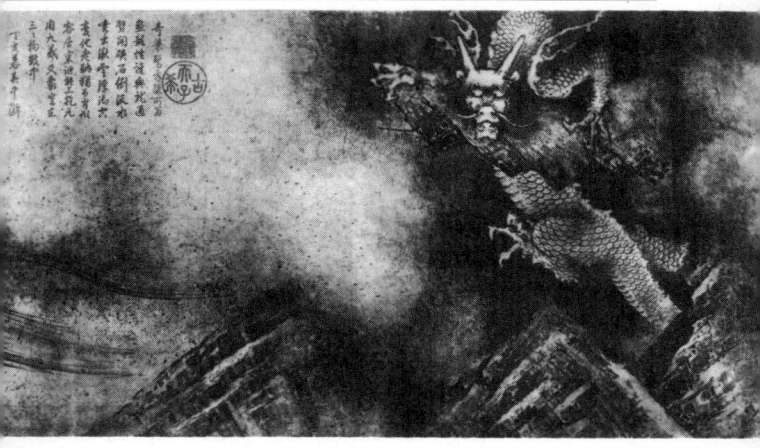

himmlischen Jahre vollenden kann. Umgekehrt, bei
der Gans unseres Gastgebers war es so, daß sie wegen
einer fehlenden Eigenschaft geschlachtet wurde. Wo-
für, Meister, würdet da also Ihr Euch entscheiden?«
Chuang-tzu antwortete lachend: »Wählte ich eine Position zwischen dem Tauglichen und dem Untaugli-
chen, so könnte es scheinen, daß ich recht habe; in
Wirklichkeit wäre es aber nicht so, denn ich könnte
immer noch in Bedrängnis kommen. Wenn man aber
auf dem Tao und dem Tê fahrend dahintreibt, dann ist
es ganz anders. Dann gibt es weder Lob noch Tadel,
dann ist man bald Drache, bald Schlange und wandelt
sich mit der Zeit. Man läßt sich nicht auf eine bestimmte Position festlegen, schwingt sich bald empor,
senkt sich bald herab in vollkommener Harmonie mit
dem Rhythmus der Natur. Wenn man so zum Urahn
der Zehntausend Wesen hintreibt, dann betrachtet
man zwar die Wesen als Wesen, wird aber nicht von

den Wesen als Wesen behandelt. Wie also könnte man in Bedrängnis geraten? Dies war die Verhaltensregel eines Shen-nung (›Gestaltenden Landmanns‹) und eines Huaang-ti (›Gelben Fürsten‹). – Ganz anders ist es nun, wenn man sich mit den Emotionen der Zehntausend Wesen oder mit den Sonderungen der gängigen Moral identifiziert. Denn jede Vereinigung führt zur Trennung, jedes Werk endet mit seiner Zerstörung, jede Kante bedingt eine Glättung, jede ehrenvolle Erhebung eine neidvolle Kritik, jede Tat ein Scheitern, alle Klugheit Eifersucht, jede Torheit den Betrug. Welche dieser aufgezählten Positionen wäre also einer anderen vorzuziehen? Ja, meine Schüler, bedenkt dieses und laßt das Tao und das Tê eure einzige Zuflucht sein!« (Kapitel 20)

Die Einflüsse des philosophischen Taoismus

Kaiser Chen-tsung der Sung-Dynastie (998–1022) war ein tätiger Taoist und lud eines Tages die ihm nahestehenden Minister zu einem Bankett. Nachdem das Gespräch auf Chuang-tzu gekommen war, ließ der Kaiser das Kapitel »Die Wasser des Herbstes« (= Kapitel 17) bringen und befahl einem ganz jungen Mädchen, das entzückend geschmückt und ganz in Grün gekleidet war, den Text vorzutragen. Alle Anwesenden hörten andächtig und stehend zu.

Daß Chen-tsung »Die Wasser des Herbstes«, eines der philosophischsten und poetischsten Kapitel des Buchs *Chuang-tzu*, von einem Mädchen vortragen ließ, hatte seinen Grund darin, daß im Fernen Osten man allein den Jungfrauen eine Stimme von höchster Reinheit zu-

schreibt. Und eine solche Stimme war erforderlich, um die dichterische Schönheit dieses Textes hervortreten zu lassen. Denn die literarische Bedeutung des Buchs *Chuang-tzu* wurde stets anerkannt. Schon vor Szu-ma Ch'ien hatte der Verfasser des *T'ien-hsia-p'ien* (des Kapitels 33 des *Chuang-tzu*) nicht versäumt, auf das stilistische Können des Chuang Chou hinzuweisen; ja, er zeigte sich sogar angesichts einer Freiheit des Ausdrucks, die bei den Schriftstellern keineswegs die Regel war, überrascht. Und er empfand deutlich, daß diese Sprüche, die ob der darin sich bekundenden ausschweifenden Phantasie weder Anfang noch Ende zu haben scheinen, diesem auf seine Unabhängigkeit so bedachten Genius ein Mittel waren, die Weltflucht des Mystikers zu schildern: »Trotz ihrer Großartigkeit sind seine Schriften tolerant und verletzen niemand; sein abwechslungsreicher, an Überraschungen reicher Stil ist bewundernswert. Der Reichtum

seines Werks ist unerschöpflich: In der Höhe ergeht er
sich mit dem Former der Wesen; in der Tiefe ist er der
Freund jener, die es verstehen,
aus ihrem Bewußtsein die Unterscheidungen von Leben und
Tod zu tilgen, und für die es
keinen Anfang und kein Ende
gibt.« Wenngleich er nicht mit
absoluter Sicherheit behaupten will, daß die Satiren des
Chuang-tzu niemals irgend
jemanden verletzt haben, so
muß er doch einräumen, daß
in all den zahlreichen Anekdoten, in denen der taoistische
Meister auftritt, seine Begabung zu allumfassendem Mit-
gefühl spürbar ist. Nachdem
das Universum eins ist, ist die
innige Kommunion mit den
Wesen unter der Voraussetzung möglich, daß man keine
persönlichen Interessen ver-
folgt. Und, nachdem die Natur selbst der Phantasterei voll
ist, läßt sie sich nur mit großer
Phantasie beschreiben. Eben
dies tut Chuang-tzu, der auf
ungemein poetische Weise
philosophiert. In geringerem
Maße trifft dies auch für Lao-

tzu, für Lie-tzu und für den Huai-nan-tzu zu. Insofern existiert ein typischer Stil der als »Taoistische Philosophen« *(tao-chia)* bezeichneten Autoren, die alle auf Mythen oder Sagen zurückgreifen und deren rhythmische Prosa sich oft zu einer Großartigkeit emporschwingt, die in den Bann schlägt.

Dies erklärt, weshalb diese Richtung auf die Literaten wie auf die Künstler stärksten Einfluß ausgeübt hat. Die chinesische Dichtkunst läßt sich nicht verstehen, wenn man nicht das Gedankengut der taoistischen Philosophen in sich aufgenommen hat, wie übrigens auch einige der später vom »Neo-Taoismus« weiterentwickelten Motive. Muß man noch betonen, wie stark die monochrome Landschaftsmalerei vom Geist des Taoismus durchdringen ist? Oder, man könnte auch sagen, vom Geist des Ch'an (»Zen«), wobei man niemals vergessen darf, daß diese buddhistische Sekte sehr stark durch den Taoismus geprägt worden ist.

Nicht so direkt zu erkennen ist, daß die gleiche Mystik auch die Malerei inspiriert, welche sich Motive wie den Bambus, die Rose oder Felsgruppen erwählt, ein subtiles Genre, das die Kenner entzückt.

Kurzum, in den verschiedenen Künsten, die von den Literaten gepflegt wurden (neben der Malerei ist hier auch die Kalligraphie und die Musik zu nennen), hat der Taoismus und auch der Ch'an einen grundlegenden Einfluß ausgeübt: Durch ihn wurde die künstlerische Tätigkeit zu etwas, das über bloße Kurzweil oder Snobismus hinausgeht und eine wirklich geistige Dimension annimmt. Im Gegensatz hierzu sind taoistische Skulpturen (außer in volkstümlichen Darstellungen) von mittelmäßiger Qualität und sehr selten; sie halten keinen Vergleich mit der buddhistischen Bildhauerei aus, deren großen Reichtum man bewundert.

Taoismus als Religion

Auf den ersten Blick gibt es keine Gemeinsamkeiten zwischen der Philosophie eines Lao-tzu und eines Chuang-tzu einerseits und dem magisch-religiösen Taoismus, jenem »Mischmasch« plumpen Aberglaubens, der sich vom 2. Jahrhundert unserer Zeitrechnung an entwickelte. Jedenfalls unterscheiden alle Historiker sehr deutlich zwischen der Philosophenschule des Tao (*tao-chia*) und der taoistischen Religion (*tao-chiao*).

Die Unterschiede zwischen den beiden Arten von Taoismus sind so offenkundig, daß niemand daran denken kann, sie zu leugnen. Ebenso gewiß ist aber, daß die mystische Tradition der Philosophen in dem, was man mitunter »Neo-Taoismus« nennt, fortgewirkt hat. Dieser religiöse Taoismus beruft sich sehr weitgehend auf die Lehre des Lao-tzu und der *tao-chia*. Nur haben sich ihr später andere religiöse und magische Überlieferungen beigemischt und sie tiefgreifend verändert. Ein Teil dieser Überlieferungen wurzelt in der chinesischen Tradition (es sind dies alle Arten von Volksbräuchen und technische Überlieferungen); andere kommen aus dem Ausland. Die wichtigste Quelle für letztere ist der Buddhismus, der nach und nach von der Zeitwende an in China eindrang.

Im Schrifttum hat dieses synkretistische System eine gewaltige Literatur hervorgebracht, die heute in einer Patrologie, dem sogenannten »Taoistischen Kanon« *(Taotsang)*, zusammengefaßt ist, der nach dem Vorbild des buddhistischen Tripitaka *(San-tsang)* zusammengestellt wurde und der nicht weniger als 1464 Titel umfaßt. Im Lauf der Geschichte war dieser Kanon zahlreichen Wechselfällen ausgesetzt. Dennoch erweist er sich als ein deutlich gegliedertes Gebilde: Das Schrifttum wird in drei große Hauptabteilungen (sowie vier Unterabteilungen) eingeteilt. Diese drei Abteilungen nennt man *tung*, ein Wort, das die Grundbedeutung »Grotte«, aber auch »kommunizieren«, »in Geheimnisse eindringen« hat. Die wichtigsten Texte wurden auf dem Weg einer (medialen) Offenbarung gewonnen; sie sind ein Mittel der Kommunikation zwischen den Göttern und den Menschen. Letztere vermögen dank dieser Texte in Geheimnisse einzudringen und ein übernatürliches Leben zu erlangen. Auch wird berichtet, daß bestimmte heilige Texte in den Höhlen bestimmter Berge verborgen waren. All dies sind also Gründe, weshalb man den *Tao-tsang* in *tung* einteilt, ein Ausdruck, der, wie gesagt, gleichzeitig geheimnisvolle Grotten wie auch die Beziehungen zu sakralen Mächten bezeichnet.

Am Anfang eines jeden *tung* findet man einen ursprünglichen Text, der durch eine der drei Gottheiten, die im großen taoistischen Pantheon den Vorsitz führen, offenbart worden ist. So steht die 1. Abteilung *(tung-chen)* unter dem Patronat des Yüan-shih T'ien-tsun (des »Himmlischen Ehrwürdigen vom Uranfang«), also jener höchsten Gottheit, die eine direkte Emanation des Tao darstellt. Die 2. Abteilung hat zum Patron den T'ai-shang Tao-chün (»Höchsten Herrn des Tao«); die 3. Abteilung

untersteht dem T'ai-shang Lao-chün (»Höchster Herr Lao«). Der letztgenannte ist niemand anderer als der vergöttlichte Lao-tzu selbst. Aufgrund einer anderen, von der soeben gegebenen ein wenig verschiedenen Deutung stehen den drei *tung* drei Fürsten vor, die allesamt Hypostasen des Yüan-shih T'ien-tsun sind.

Wir finden hier also eine Trias (Dreiheit), bei der auffällt, daß in ihr Lao-tzu nur die 3. Stelle einnimmt. Es heißt, er sei der Schüler des Tao-chün, der seinerseits Schüler des T'ien-tsun ist. Nachdem aber andererseits die in den verschiedenen Sekten gängigen Theorien niemals zwingende dogmatische Bedeutung gewinnen konnten, konnten sie nicht verhindern, daß in der T'ang-Zeit der T'ai-shang Lao-chün, mit anderen Worten Lao-tzu, als einzige Quelle der Offenbarung für die Haupttexte aller drei Abteilungen verstanden wurde.

Lao-tzu als Gottheit

Wenngleich der zum Lao-chün gewordene Lao-tzu auch nicht immer und überall als wichtigste Figur im taoistischen Pantheon auftritt, so geht seine Vergöttlichung doch sehr weit in der Zeit zurück. Wir sahen bereits, daß im 2. Jahrhundert vor Chr., als Sze-ma Ch'ien die »Aufzeichnungen der Historiker« schrieb, Lao-tzu schon eine sagenumwobene Gestalt war, der von manchen eine sagenhafte Langlebigkeit zugeschrieben wurde. Und in der 2. Han-Zeit wurde er zu einer wichtigen Gottheit. So wird in einer im Jahre 165 unserer Zeitrechnung anläßlich des berühmten Opfers im Tempel von Po-chou auf Befehl des Kaisers Huan verfaßten Inschrift festgestellt, daß bestimmten Anhängern des Tao Lao-tzu als eine Emanation des Urchaos erscheint; auch, daß er gleichermaßen ewiges Leben wie die drei Leuchten (= Sonne, Mond und Sterne) besitze. Mehr noch, er wird mit P'an-ku, dem kosmischen Menschen und ersten menschlichen Wesen der Mythologie, gleichgesetzt. Und wie bei diesem, als er starb, »sich der Kopf in die vier Heiligen Berge, seine Augen sich in die Sonne und in den Mond« verwandelten, ebenso (wir zitieren hier nicht die Inschrift, sondern einen späteren, ausführlicheren Text):

verwandelte Lao-tzu seinen Körper. Sein linkes Auge wurde zur Sonne, sein rechtes Auge zum Mond. Sein Kopf wurde zum K'un-lun-Gebirge. Sein Bart wurde zu den Planeten und den Mondhäusern. Seine Knochen wurden zu Drachen, sein Fleisch zu Vierfüßern. Seine Eingeweide wurden zu Schlangen; sein Bauch

提聞有一手巾像龍蚖遶去到王家
國王得之大歡吒興兵動眾來向家離舍
百里見蓮花國有審者一月夜王心惡之欲
破家忽然變化白淨舍出家求道号爲釋迦
五百歲之時乘龍駕席道得昌漢地廣大
歷記長三十六人計弟兄迄度北關雲中翔
新盧酒出俱行營城媚山邊作細昌當山
之時樂末央伊耶樂生壽命長
六百歲之時一世以去二世歸城郭如故時
人非觀者眾多知我死生各異令人悲
何不學道世欲裏踟躕西北長吁誰伊
耶樂生治太微

老子化胡經卷第十

wurde das Meer. Seine Finger wurden die Fünf Heiligen Berge, seine Haare wurden zu Bäumen und Grä-
sern. Sein Herz wurde zur (Konstellation des) Bunten
Baldachins, und seine beiden Nieren vereinigten sich
und wurden zum Vater und zur Mutter des Echten
(chen-yao fu-mu).[13]
Im übrigen wird in der genannten Inschrift dem Lao-tzu,
wie an anderer Stelle dem Buddha, eine Reihe von Inkarnationen in verschiedener menschlicher Gestalt zugeschrieben, welche die verschiedenen Personen, als die er
auftrat, »um als Lehrer der Herrscher des Altertums«
(also jener heiligen Gründer der Kultur) zu wirken, darstellen.

Der genannte Kaiser Huan hatte in seinem Palast dem
Huang-ti, Lao-tzu und bemerkenswerterweise auch dem
Buddha Altäre errichten lassen. Letzterer muß bereits
Gegenstand eines ziemlich verbreiteten Kults gewesen
sein, wenn er damals solche offizielle Anerkennung erfuhr. Nun ist allerdings richtig, daß der Buddhismus in
jener Zeit oft mißverstanden und nicht vom Taoismus
unterschieden wurde, bei dem die ersten Übersetzer des
Sutras die philosophische und religiöse Terminologie
entlehnen mußten. Man hielt den Buddha für niemand
anderen als Lao-tzu selbst, der nach dem Westen gegan-
gen war. Etwas später versuchten die Taoisten, diese Legende im Kampf gegen die buddhistische Propaganda
einzusetzen. Dabei schufen sie jene berühmte Apokry-
phe des *Lao-tzu Hua-hu-ching*: »Das Buch von der Be-
kehrung der Barbaren durch Lao-tzu«. Dieser Text sollte
jahrhundertelang ein Zankapfel zwischen Taoisten und
Buddhisten bleiben. Obwohl es wiederholt durch kaiserliche Autorität verworfen worden war, blieb es mehr
oder minder stark verändert, ergänzt und sogar mit Bildern versehen bis ins 13. Jahrhundert in Umlauf. Eine
seiner Fassungen handelt von den 81 Inkarnationen des
Lao-tzu, in welchen dieser auf die Erde gekommen sei,
um die Menschen zu bekehren. In einer der Inkarnationen ist er der Buddha Schakjamuni; in der letzten ist er
Mani, der Begründer des Manichäismus.
In der Inschrift des Jahres 165 – übrigens in sehr dunklen
Worten – ist auch die Rede von Verfahren der Meditation
und des langen Lebens, wie sie Lao-tzu beherrschte, wie
er sie wohl auch gelebt hat. In einer Sammlung von Hei-
ligenlegenden annähernd aus der gleichen Zeit treten
Lao-tzu und sein Schüler, der Paßwächter, ebenfalls als
Lehrer für diese Art von Übungen auf. In diesem Text

kommt auch die Reise nach dem Westen und die Bekeh-
rung der Barbaren zur Sprache:

Lao-tzu verstand es, seine Lebensenergie zu unterhalten; er schätzte die Kunst, sie zu gewinnen und nicht
zu vergeuden... Er wurde mehr als 80 Jahre alt; im
Shih-chi (»Aufzeichnungen der Historiker«) heißt es:
mehr als 200 Jahre. Damals nannte man ihn den »Verborgenen Weisen« ... Später, als die Tugend der
Chou-Dynastie sank, bestieg Lao-tzu einen Wagen,
an den ein grüner Büffel gespannt war, und begab sich
in das Land von Ta-ch'in (= in den römischen Osten).
(Lie-hsien-chuan)

Der Paßwächter Yin Hsi ... war in den esoterischen
Wissenschaften bewandert und ernährte sich stets von
den reinsten Essenzen. Er hielt seine Tugend verborgen und teilte seine Tätigkeit so sorgfältig ein, daß zu
seiner Zeit niemand auf ihn aufmerksam geworden
war. Als Lao-tzu nach dem Westen aufbrach, wußte
Yin Hsi, der seine Ausstrahlung bemerkt hatte, daß
ein Weiser vorüberkommen würde. Er beobachtete
also die Farbe der Zeichen, die ihm vorangingen, und
wartete auf seinem Weg. So begegnete er tatsächlich
Lao-tzu. Dieser wußte seinerseits, daß Yin Hsi ein un-
gewöhnlicher Mensch war. Er schrieb für ihn ein Buch
und überreichte es ihm. Danach brachen sie gemeinsam in die Gegend jenseits des Bewegten Sandes auf
und bekehrten die Barbaren. Sie nährten sich von Se-
samkörnern. Niemand weiß, was schließlich aus ihnen
geworden ist. *(Lie-hsien chuan)*

Lao-tzu erscheint also von der 2. Han-Zeit an als ein
Eingeweihter in die Praktiken des Langen Lebens, wie
sie für die Mehrzahl der Sekten des späteren Taoismus
charakteristisch sein werden. Dabei ging es darum, die

Lebensenergie zu vermehren und ihr Abfließen zu verhindern. Dies war, wie wir sehen werden, das Grundprinzip der taoistischen Theorien über Sexualleben und Atemführung. Sich von ungewöhnlichen Substanzen zu ernähren, gestattete es, auf den Genuß von Körnerfrüchten zu verzichten *(pi-ku)*, eine Enthaltsamkeit, die tatsächlich die Ablehnung jeder gemeinen Nahrung implizierte. In der wiedergegebenen Geschichte finden Lao-tzu und der Paßwächter in den Ländern des Westens den Sesam, der keine chinesische Pflanze war und im Rufe stand, gesundheitsförderliche Eigenschaften zu besitzen.

Man darf auch mit einiger Berechtigung annehmen, daß seit jener Zeit der Stelle im *Tao-tê-ching*, in welcher mehr oder minder deutlich auf die »Ernährung der Lebenskraft« angespielt wird, besondere Aufmerksamkeit entgegengebracht wurde; auch, daß andere Stellen fälschlich in gleicher Weise gedeutet wurden. In dieser Hinsicht ist der Kommentar des Ho-shang-kung bezeichnend. Nach Meinung dieses Autors handelt das *Tao-tê-ching* gleichzeitig von der Pflege der Lebenskräfte und von der Kunst der Regierung durch *wu wei*. So ist verständlich, daß Lao-tzu zu einer außergewöhnlich wichtigen Figur wurde; auch, daß die Einigung des Taoismus, der doch von seinen Anfängen her aus sehr vielfältigen Strömungen schöpfte, dank dem Bezug auf das *Tao-tê-ching* vonstatten gehen konnte, welches als Grundtext der Schule anerkannt wurde. So geschah es, daß Lao-tzu, nachdem er zunächst mit Huang-ti sich in den Primat der »Lehre des Huang-Lao« teilen mußte, schließlich die Oberhand gewann, um sich endlich als Lao-chün, der Offenbarer heiliger Schriften und der Erretter der Menschen, zu profilieren. Huang-ti, dem in den alten Mythen zahlreiche Erfindungen zugeschrieben werden und der offenbar schon sehr früh in den Zünften der Metallgießer und anderer Techniker Verehrung genoß, erfuhr demgegenüber eine Einschränkung seiner Rolle: Er wurde zum Schirmherr der okkulten Wissenschaften und der Medizin. Letztere trennte sich übrigens vom Taoismus, wie sie sich bereits von der Magie getrennt hatte.

Nun gab es allerdings eine Epoche, in der dem Lao-tzu mehr offizielle Ehrungen zuteil wurden als zu anderen Zeiten der Geschichte – nämlich unter der T'ang-Dynastie. Die Kaiser dieses Hauses trugen ja den gleichen Familiennamen wie der vermutete Autor des *Tao-tê-ching*, nämlich Li. So erkannte ihm Kao-tsung im Jahre 667 den Titel eines »Höchsten Himmlischen Urkaisers« *(T'ai-shang hsüan-yüan huang-ti)* zu. Und 737 wurde ein offizieller Unterricht in taoistischer Philosophie eingerichtet, was es niemals vorher gegeben hatte. Ja, es gab damals sogar Prüfungen, die die taoistischen Klassiker zum Gegenstand hatten, welch letztere vorübergehend ebenso wichtig wurden wie die *ching* des Konfuzianismus. In jener Zeit gab es bis zu 1687 taoistische Klöster, und man erlebte, daß Prinzessinnen aus dem Kaiserhaus den Schleier nahmen.

Trotzdem war es keineswegs so, daß der Vorrang des Lao-tzu von allen Taoisten anerkannt worden war. Nicht nur wurde der Lao-chün oft dem Yüan-shih T'ien-tsun untergeordnet; manche Autoren gehen sogar so weit, seine göttliche Natur in Frage zu stellen. Für Ko Hung[14] war Lao-tzu ein außergewöhnlich begabter Mensch, aber keine Gottheit. Er räumt ein, daß er außer dem *Tao-tê-ching* auch Werke über das Lange Leben verfaßt hätte. Andererseits fügt er hinzu, daß Lao-tzu den Gleichmut schätzte und ohne Begierden war und

daß er kein anderes Ziel als das des Langen Lebens verfolgte.

Wie man sieht, unterschieden sich die Meinungen über Lao-tzu beträchtlich, je nach Zeit und Milieu. Während die einen in ihm die höchste Gottheit, eine Personifikation des Tao sahen, hielten ihn andere nur für eine Projektion des Yüan-shih T'ien-tsun – oder für seinen großen Schüler. Noch andere hielten ihn bloß für einen großen Weisen, dem man im übrigen sehr unterschiedliche Meinungen zuschrieb.

Chang Tao-ling und die Himmlischen Meister

Trotz allem galt Lao-tzu also in erster Linie als der Stifter des Philosophischen Taoismus *(tao-chia)*. Demgegenüber gilt eine ganz andere Persönlichkeit häufig als der Gründer der taoistischen Religion: Chang Ling oder Chang Tao-ling, der, so heißt es, zur Zeit des Kaisers Huan (147–167) geboren worden war. Er erlernte zunächst die Methoden des Langen Lebens und stellte das Elixier der Unsterblichkeit her. Darauf begab er sich in die Provinz Ssechuan, wo er Bücher schrieb und eine religiöse Propagandatätigkeit entfaltete, durch welche das Volk verführt wurde. Jene, die sich zu seinem Tao bekehrten, steuerten eine Abgabe von 5 Scheffel Reis. Deshalb wurde diese Sekte zunächst die »Sekte der 5 Scheffel« oder auch die »Sekte der Himmlischen Meister« genannt – letzteres wegen des Titels, den die Anführer der von Chang Tao-ling gegründeten Bewegung trugen. Die Bewegung dehnte sich rasch aus und, begünstigt durch die zunehmende Schwäche der Han-Dynastie, konnten zunächst der Sohn, dann der Enkel des Sektengründers im Han-chung ein richtiges unabhängiges Gemeinwesen organisieren. Zur gleichen Zeit hatte im Osten Chinas eine andere Bewegung, die der »Gelben Turbane«, von 184 an das Volk in acht Provinzen aufgewiegelt und damit nahezu den Sturz der Dynastie herbeigeführt. Die Gelben Turbane, deren Lehre auch als das »Tao des Großen Friedens« oder der »Großen Gerechtigkeit« *(t'ai-p'ing tao)* bekannt war, verkündeten, daß der Anbruch einer neuen Zeit unmittelbar bevorstünde, und versprachen dem Volk die Errichtung einer utopischen

Ordnung im Einklang mit jener, die in einem offenbarten Text, nämlich dem *T'ai-p'ing ching*, beschrieben wurde.

Obzwar beide Bewegungen voneinander unabhängig entstanden waren und auch geographisch an weit entfernten Orten um sich griffen, gibt es zwischen ihnen doch viele Gemeinsamkeiten. So bezeichneten sich ihre Anführer als »Heiler« oder »Heilbringer« – sicher einer der Umstände, der zu ihrem Erfolg beitrug. Um Kranke zu heilen, machten sie üppigen Gebrauch von Talismanen und von Weihwasser. Da aber Krankheit aus ihrer Sicht ein Zeichen der Sünde war, bestand ihre wichtigste Heilmaßnahme in Beichte und Buße. Man schickte die Kranken in Häuser der Einkehr, um ihnen Gelegenheit zu geben, über ihre Fehler nachzudenken. Darüber hinaus verstanden es die religiösen und militärischen Anführer, die Verwaltung der von ihnen beherrschten Gebiete umsichtig zu organisieren: Die Schar der Gläubigen wurde gewissermaßen auf Kirchsprengel verteilt und einer Hierarchie von Zauberpriestern untergeordnet. Bei den »Fünf Scheffeln« hatte das höchste Amt der »Himmlische Meister« inne. Unter ihm erhielten die Gläubigen Rang und Titel, je nach ihren Fortschritten im Kult.

In den »Fünf Scheffeln« und im *T'ai-p'ing tao* begegnen wir einem Massentaoismus, der sich sehr weitgehend von jenem der kleinen Gruppen von Philosophen unterscheidet, in welchen sich einige wenige Schüler um einen Meister geschart hatten. Denn obzwar die Gelben Turbane schließlich von den Armeen der Han vernichtet wurden, überlebte die Sekte der Himmlischen Meister und verbreitete sich über das ganze Land. Ja, es hat sich sogar eine Art Erbpatriarchat gebildet und sich bis in unsere Tage fortgepflanzt.

Seither fand eine Verwandlung des Wesens des Taoismus statt. Er wird zu einer Morallehre, dies vor allem unter dem Einfluß des Buddhismus. Die Kultausübung begreift die großen Feste mit ein, in deren Verlauf – etwa anläßlich der Tag-und-Nachtgleiche – den verschiedenen Gottheiten, die absolut nichts Taoistisches an sich haben, Opfergaben dargebracht werden. Zur Zeit der Sonnenwende bringt man den Toten Opfer dar (so wie dies alle Chinesen tun), doch vor dem Opfer nimmt man Zauberamulette und solche zur Feiung gegen die Dämonen entgegen. Einige dieser Feste nahmen einen orgiastischen Zug an und verfielen schließlich wieder. Aber andere kamen in anderen Sekten auf, solche, die von Talismanen üppigen Gebrauch machen. Trotz allem gab es aber neben diesem Massentaoismus stets auch einen persönlichen oder esoterischen Taoismus. Und nicht selten kam es vor, daß die gleichen Gläubigen sowohl die eine als auch die andere Form praktizierten.

Es verdient Beachtung, daß von den Anfängen der Bewegung an die Himmlischen Meister bei ihrer religiösen Unterweisung sich des *Tao-tê-ching* bedient hatten. Ja, sie haben sogar den Text auf 5000 Zeichen festgelegt und dazu einen Kommentar[15] geschrieben, der den Neubekehrten das Verständnis des Buchs erleichtern sollte. Wie zu erwarten, wird das Gedankengut des Lao-tzu hier in einer Weise ausgedeutet, die noch sehr viel weiter als der Kommentar des Ho-shang-kung von der ursprünglichen Bedeutung abweicht. So wird beispielsweise der Beginn des Kapitels 10 (»Deine Körperseele und deine Hauchseele umfassen die Einheit...«) folgendermaßen kommentiert:

P'o (»Körperseele«) kommt von *po* (»weiß«). Deshalb ist auch die Samenflüssigkeit weiß, von derselben

Farbe wie das Urch'i. Der Körper ist das Fahrzeug der
Samenflüssigkeit. Diese tendiert nach unten. Deshalb
muß sie geführt werden ... Das Eine ist das Tao. Und
wo findet man dieses im menschlichen Körper? Und
was heißt es bewahren? Das Eine wohnt *nicht* im Körper des Menschen. Wenn irgend etwas vom Körper
Besitz ergreift, so ist dies stets die Folge eines niederen
und abwegigen Zaubers, wie er in der Welt üblich ist;
es ist nicht das echte Tao. Das Eine ist außerhalb von
Himmel und Erde, aber es dringt ein zwischen Himmel und Erde. Es geht im menschlichen Körper aus
und ein. So befindet es sich überall innerhalb der Haut
und nicht bloß an einer bestimmten Stelle. Wird das
Eine zerstreut, bildet es das *ch'i*. Wird es gesammelt,
ist es der T'ai-shang Lao-chün. Er hat seine Residenz
im K'un-lun. Spricht man von der Leerheit oder von
der natürlichen Spontaneität oder vom Namenlosen,
so ist damit stets die gleiche Einheit gemeint. Wenn
nun also (der Lao-chün) die Gebote des Tao verkündet
und die Menschen lehrt, auf daß sie sie gewissenhaft
befolgen, dann bedeutet dies »das Eine hüten«. Verhält man sich nicht im Einklang mit diesen Geboten,

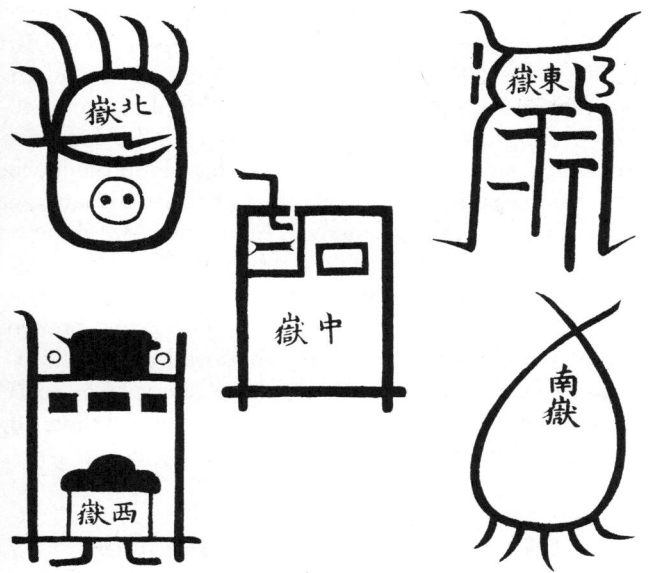

so verliert man das Eine. Die niederen und irrigen
Zauberkünste geben dem Einen Namen je nach dem
Eingeweide, in dem man annimmt, daß es dort wohnt.
Sie empfehlen, daß man die Augen schließe bei der
Meditation, und wünschen, daß man so das Glück er-
langt. Darin liegt ein Irrtum, denn so entfernt man sich
vom Leben. Die Sünde ist nicht etwas, was das Tao erfreut. Darum muß man sich von jeder Sünde reinigen
und ohne Fehl in seinem Verhalten bleiben. *(Hsiang-
erh)*

In diesem Kommentar wird, wie man sieht, das wahre
Tao den falschen Lehren gegenübergestellt. Beim wahren Tao handelt es sich natürlich um die Lehre der Sekte;
die falschen Lehren sind alle anderen magischen oder re-

ligiösen Bewegungen, eingeschlossen jene der Taoisten. Im Kommentar *Hsiang-erh* und im *T'ai-p'ing-ching* ist oft von den Geboten des Tao die Rede, die offenbart worden sind, denn sie kommen direkt aus dem Himmel. Das wichtigste Gebot hat die Pflicht der Kindesehrfurcht zum Gegenstand, die ja auch eine der Haupttugenden des Konfuzianismus ist und von der man behaupten kann, daß sie zu allen Zeiten das Fundament der chinesischen Ethik gewesen ist. Tatsächlich war es unvermeidlich, daß, indem der Taoismus zu einer volkstümlichen und militanten Religion wurde, er der Ethik breiten Raum gab. Selbst der am stärksten esoterische und individualistische Taoismus, jener der Alchemisten, mißt dem tugendhaften Lebenswandel als Voraussetzung für das Gelingen der Werke große Bedeutung bei.

Die Unsterblichen (Hsien-jen, Shen-hsien)

Auf verschiedenen Wegen verfolgten alle taoistischen Sekten das gleiche Ziel: die Gewinnung der Unsterblichkeit. Dabei handelte es sich nicht mehr um eine rein geistige Unsterblichkeit, wie dies bei Chuang-tzu der Fall war, sondern durchaus um eine körperliche Unsterblichkeit. Der Eingeweihte konnte unter mehreren Methoden wählen, die geeignet waren, dem Körper jene reinen Energien zu ersetzen, die er bei der Geburt besessen hatte – wobei man an einen Satz des Lao-tzu anknüpfte, der so voller Bewunderung für die Kraft des Neugeborenen war. Ihm war ein Leben von tausend Jahren gewiß und, nachdem er so lange auf Erden zugebracht und von dieser Welt genug hatte, lag es in seiner Macht, sie zu verlassen, indem er sich gen Himmel erhob, »weiße Wolken

bestieg und an den Aufenthaltsort der Götter gelangte«.
(Chuang-tzu)

»Bei hellem Tag gen Himmel steigen« sollte von da ab
zur feststehenden Redewendung werden, mit der man
die Schlußapotheose des Taoisten beschrieb, dem die
Umwandlung seiner Person gelungen war. Zwar verlassen einige auf diskretere Weise die Welt: scheinbar sterben sie den Tod einfacher Sterblicher; doch handelt es
sich in diesen Fällen nur um einen scheinbaren Tod, denn
wenn man nach einiger Zeit den Sarg öffnet, ist daraus
der Körper verschwunden und man findet statt dessen
den Stock, das Schwert oder die Sandalen des Verschiedenen.

Wohin begeben sich die Unsterblichen? Einige steigen in
den Himmel empor oder richtiger, in einen der zahlreichen Himmel, welche die Taoisten schließlich erfunden
haben und welche komplizierten Verwaltungsstätten
ähnlicher sind als Paradiesen. Ein poetischerer Aufenthaltsort sind die Inseln der Seligen, die bereits Chuang-
tzu und Lie-tzu erwähnen und die im Osten im Ozean
liegen. Oder aber sie gelangen ins K'un-lun-Gebirge, das
im Fernen Westen Chinas liegt.

Nach Lie-tzu gab es ehedem fünf Inseln der Seligen.
Diese lagen jeweils 7000 *li* auseinander. Doch da ihre
Bewohner alle Unsterbliche waren, empfanden sie sich
nicht minder als Nachbarn und besuchten sich gegenseitig im Fluge. Nun wurden diese Inseln allerdings von rie-
sigen Schildkröten getragen. Da trat einmal ein Riese auf,
der die Schildkröten, welche zwei der Inseln trugen,
fischte, so daß es schließlich nur noch drei gibt, nämlich
Fang-hu, Ying-chou und P'eng-lai.

Szu-ma Ch'ien behauptet, daß

»zur Zeit der Könige Wei (378–343) und Hsüan

(342–321), der Chou-Dynastie und des Königs Chao von Yen (311–279) man damit begann, Menschen auf der Suche nach diesen drei heiligen Bergen, von denen es heißt, daß sie nicht sehr weit von der Menschenwelt entfernt sind, auf die See zu schicken. Leider wird, wenn man im Begriff ist anzukommen, das Schiff durch einen Wind abgetrieben. Früher allerdings konnten Menschen sie erreichen. So befinden sich dort die Seligen und auch das Elixier des ewigen Lebens. Alle darauf lebenden Wesen, die Vögel und Vierfüßer, sind weiß, und die Paläste sind aus Gold und Silber. Als jene noch nicht dort waren, erschienen sie ihnen von weitem wie eine Wolke. Als sie ankamen, wurden die drei heiligen Berge nach unten in das Wasser gestülpt... Letztendlich gibt es niemanden, der sie betreten konnte. Und es gab noch keinen Herrscher, der nicht danach verlangt hätte, sich auf sie zu begeben.«[16]

Nach Auskunft des Historikers wurden diese Sagen von Zauberern der Küstenprovinzen Yen und Ch'i erzählt. Diese animierten auch Ch'in Shih-huang-ti und den Han-Kaiser Wu dazu, See-Expeditionen zu entsenden, um Kontakt mit den Unsterblichen aufnehmen zu lassen und das Elixier der Unsterblichkeit zu gewinnen – vergeblich. Eine der vom Ch'in-Kaiser entsandten Expeditionen soll zur Gründung einer Kolonie an einem »ruhigen und fruchtbaren Ort« geführt haben, der Japan gewesen sein könnte.

Was das K'un-lun-Gebirge anlangt, so umfaßte es drei oder neun Etagen – was bedeutet, daß derjenige, dem es gelang, es zu ersteigen, Zutritt zum Himmel gewann. In ebenso vielen Etagen setzte es sich in die Tiefe der Erde fort, wodurch die unterirdischen Wasser, an denen die

Toten wohnen, mit dem Aufenthaltsort der Götter verbunden waren. Der Himmelssohn Mu besuchte den K'un-lun im Lauf seiner Fahrt in die Länder des Westens, die er in einem von acht Rennern gezogenen Wagen unternahm, und bestieg das Gebirge, »um den Palast des Huang-ti« zu schauen. Er errichtete für spätere Generationen ein steinernes Denkmal. Darauf wurde er von der Königinmutter des Westens (Hsi Wang-mu) zu einem Bankett am Ufer des Sees von Jaspe geladen. Diese Königin sang auch für den König, und dieser begleitete ihren Gesang, doch war es eine klagende Weise.« (*Lietzu*, Kapitel 3)

Die Königinmutter des Westens ist eine wichtige Figur sowohl der taoistischen Mythologie als auch des Volksglaubens. Ursprünglich scheint sie der Genius eines Berges und von schreckeinflößendem Äußeren gewesen zu sein, wenn man der Beschreibung, die man von ihr im »Buch der Gebirge und Meere« *(Shan-hai ching)* findet, glauben darf: Sie hatte menschliche Gestalt, doch einen Leopardenschwanz und Tigerzähne. Später allerdings wandelte sie sich in eine anmutigere Gottheit. Und nach dem Glauben der Taoisten war sie eine Fee, die Königin der Unsterblichen. In einem taoistischen Roman wird erzählt, daß die Hsi Wang-mu den Han-Kaiser Wu besucht hat. Sie beschenkte ihn mit wunderkräftigen Pfirsichen und offenbarte ihm geheime Künste, derer er sich aber nicht zu bedienen verstand.

Die Künstler der Han-Zeit stellten gern Unsterbliche auf verschiedenen Gegenständen, auf Lackkästen, Bronzespiegeln oder aber auf den bemalten oder behauenen Wänden von Tempeln und Gräbern dar. Dort erscheinen sie im allgemeinen mit Flügeln oder sogar in einem ganz mit Federn bedeckten Körper. Die Bronzespiegel, in

deren Verzierung taoistische Genien vorkommen, tragen
im allgemeinen eine Inschrift, in der die Vorstellung, die
man von einzelnen Unsterblichen hatte, sehr gut zum
Ausdruck kommt:

Dieser Spiegel, ein wahres Meisterstück, wurde in der
Kaiserlichen Werkstatt hergestellt. Man erblickt darauf einen Unsterblichen, der niemals alt wird. Ver-
spürt er Durst, so trinkt er aus den Jadequellen; ver-
spürt er Hunger, so ißt er Zaubernüsse. Er streift frei

durch die Welt und erholt sich an den Grenzen des Universums.

Manche dieser *hsien-jen* haben auf diesen Darstellungen einen Schädel, der eine Beule zeigt. Ja, manchmal ist ihr Schädel sogar über alle Maßen entwickelt, eine Besonderheit, die sehr viel später typisch sein wird für die bildlichen Darstellungen des Gottes des Langen Lebens, Shou-hsin, eine der bekanntesten Gestalten der volkstümlichen Götterwelt. Diese übermäßige Entwicklung des Schädels ist kein Wasserkopf. Ebensowenig soll damit außergewöhnliche Intelligenz dargestellt werden. Sie bedeutet vielmehr, daß es diesen Seligen gelungen war, ihr Hirn (das nicht als Sitz des Denkens, sondern als ein Speicher von Lebensenergie gilt) durch geeignete Methoden so zu kräftigen und zu entwickeln, wie dies auch bei den Fledermäusen der Fall ist. Die Fledermaus, der wir in China als Dekormotiv so häufig begegnen, ist eines der Symbole des Langen Lebens, weil man ihr eine außerordentliche Langlebigkeit zuschrieb: Sie lebt in Höhlen mit dem Kopf nach unten und nährt sich, so glaubte man, von Stoffen, die magische Wirkungen vermitteln.

Die Vorstellung von vogelgestaltigen Unsterblichen geht auf sehr altes Glaubensgut der Bewohner Ostchinas (Hopei und Shantung) zurück, und auf eine Zeit, als jene Gegenden noch zum Gebiet der Barbaren gerechnet wurden. Damals gab es dort an der Küste Länder, die von Vogelmenschen bewohnt wurden, welche vollkommen jenen *hsien-jen* glichen. Von hier wird verständlich, weshalb die Propaganda der Zauberer, die am Ende der Zeit der Kämpfenden Reiche und anschließend auch noch unter den Ch'in- und Han-Dynastien sehr Ausführliches über die Inseln der Seligen und die Verfah-

飛昇圖

ren der Unsterblichkeit zu berichten wußten, in den gleichen Gegenden ihren Ursprung hatten. Diese Landstriche sind überhaupt sehr oft durch eine außerordentlich starke religiöse Aktivität aufgefallen.

Einige dieser vogelgestaltigen Barbaren sahen aus, als ob sie auf Stelzen gingen. Sie vollführten rituelle Tänze, den Tanz der Fasanen, durch welchen der Donner ausgelöst wurde; den Tanz der Kraniche, der wohl auf Stelzen ausgeführt wurde und der sich weitläufig im Taoismus und in Volksbräuchen niedergeschlagen hat.

Der Kranich ist der Vogel *par excellence* der taoistischen Unsterblichen. Man glaubte, daß er das Alter von tausend Jahren erreichen konnte und daß er mit zurückgelegtem Hals zu atmen verstand, eine Technik, durch welche der Atem weicher gehen soll, weshalb sie von den Taoisten nachgeahmt wurde. Und natürlich war das makellose Weiß seines Gefieders ein Symbol der Reinheit; und, davon abstechend, zeigte das Zinnoberrot seines Kopfes an, daß er wie die Fledermaus es versteht, in sich die Lebenskraft zu erhalten, und daß er innerlich wie diese aus reinem Yang, ohne Beimischung von Yin (hier das Prinzip des Todes), besteht. Deshalb also ist der Kranich das Reittier des durch die Himmel streifenden Unsterblichen.

Die Übungen des Langen Lebens

Lao-tzu galt als Meister in den Übungen des Langen Lebens und der Magie. Deshalb erfuhr er von seiten eines Ko Hung, der als erprobter Meister auf diesem Gebiet gelten darf, im Buch *Pao-p'u-tzu* sehr viel größere Hochschätzung als etwa Chuang-tzu, der heftig getadelt wird, weil ihm Leben und Tod gleichgültig waren und er sich aus den Methoden zur Erhaltung des Körpers wenig machte. Übrigens hat Chuang-tzu nicht alle verworfen, scheint er doch zumindest ein gewisses Training des Atems als sinnvoll angesehen zu haben. Wenngleich es heute schwierig ist festzustellen, wie weit er in dieser Richtung zu gehen bereit war, so scheinen jedenfalls seine Schüler seine Mystik als eines der Mittel einer Lebensverlängerung verstanden zu haben. So findet man in einem der Kapitel des Buchs *Chuang-tzu*, von denen man annimmt, daß sie nach den Lebzeiten des Philosophen niedergeschrieben worden sind, das berühmte Gespräch zwischen Kuang-ch'eng-tzu, dem Lehrmeister des Huang-ti, der diesem folgenden Rat erteilt:

Blicke nicht umher, höre auf nichts. Werde still, indem du deine konstellierende Kraft umfängst – und deine Gestalt wird von selbst in gerader Ordnung sein. Sei still, sei klar, strapaziere nicht deine Gestalt, rühre nicht dein (Lebens-)Potential an, so kannst du lange leben. Wenn deine Augen nichts sehen und deine Ohren nichts hören, wenn in deinem Herzen (= Bewußtsein) kein Wissen ist, wenn deine konstellierende Kraft [die Integrität deiner] Gestalt bewahrt, dann kann diese Gestalt lange leben. Hüte dein Inneres, schließe dich ab nach außen; denn zuviel der Wissenschaft bringt Verderben! Ich werde dich auf den Gipfel des großen Lichtes führen und an die Quellen des Yang in seiner Vollkommenheit; ich werde dich an die Tore der Finsternis und an die Quellen des unvermischten Yin führen. (Kapitel 11)

An dieser Stelle wird der Gedanke, daß die Ataraxie, indem sie Energieverluste, die durch den Drang zu handeln verursacht werden, verhindert, zu einer Steigerung innerer Potenzen und zur Langlebigkeit führt, außerordentlich deutlich ausgesprochen. Dies war einer der Gründe, weshalb der ideale Fürst das *wu wei* üben sollte. Die Herrscher des Altertums trugen eine Kopfbedeckung, von der ein Saum von Perlenschnüren herunterhing*, der ihren Blick abschirmen sollte, und Ohrenschützer, die ihre Ohren verschlossen. So vermieden sie den durch den Gebrauch der Sinne bedingten Verlust von Lebenskraft. Denn die Sinnesorgane sind Öffnungen, durch welche die Seelen oder die Lebensgeister versucht sind, nach außen zu dringen. Deshalb muß man diese Öffnungen überwachen und diese Geister auf ihre jeweiligen Orte beschränken. Darauf zielt im wesentlichen die taoistische Hygiene. Wie man indes in einen solchen Vollbesitz von Lebenskraft gelangen kann, dafür gibt es viele Verfahren, angefangen bei der Ataraxie, für die die Nachfolger der Philosophen eintraten, bis hin zu den verschiedenen Rezepten des Neo-Taoismus. Erstere wurde zwar niemals verdrängt, wurde aber vorübergehend von den zweitgenannten überrundet. Sie tauchte aber etwa zur T'ang-Zeit in neuer Gestalt wieder auf, nämlich als das, was man die »innere Alchemie« oder die »Embryonalatmung« nennt.

Das Verständnis dieser verschiedenen inneren oder äußeren Methoden erfordert, daß man sich die Vorstellungen vergegenwärtigt, die die Taoisten vom menschlichen Körper hatten. Dieser war eine genaue Entsprechung des Kosmos, weshalb seine verschiedenen Bestandteile in der äußeren Welt ihre Entsprechungen hatten. Die sichtbare Welt ist ein Ausfluß des Tao, in dem Yin und Yang in einem sogenannten Ur-ch'i *(yüan-ch'i)* innig vermischt sind. Indem sich Yin und Yang trennten, sind Himmel

* Vgl. die Abbildung S. 138

Wandlungs-phase	Farbe	Himmels-richtung	Jahreszeit	Orbis	Geschmack
Holz	Grünes	Osten	Frühling	Leber	Saures
Feuer	Rotes	Süden	Sommer	Herz	Bitteres
Erde	Gelbes	Mitte		Milz	Süßes
Metall	Weißes	Westen	Herbst	Lunge	Scharfes
Wasser	Schwarzes	Norden	Winter	Niere	Salziges

Tafel der Entsprechungen zwischen Wandlungsphasen, Farben usw.

und Erde entstanden, und ihre neuerliche Vermischung hat die Menschen und alle anderen Wesen entstehen lassen. So bestehen wir aus Yin und Yang, d.h. aus himmlischem und irdischem *ch'i*. Insbesondere ist unsere höhere Seele *hun* eine himmlische und unsere untere Seele *p'o* eine irdische.

Des weiteren besteht der Kosmos aus fünf raum-zeitlichen Bereichen, nämlich den Vier Himmelsrichtungen als Entsprechungen der Vier Jahreszeiten und dem Mittelpunkt. Diesen fünf durch Farbembleme qualifizierten Bereichen entsprechen auf der Erde die Fünf Wandlungsphasen und die Fünf Heiligen Berge und im Menschen die fünf *tsang* (= Eingeweide/Funktionskreise). Die letztgenannten werden aus den Energien der Wandlungsphasen erhalten, und zwar ein jedes durch jene Energien, die ihm entsprechen bzw. ihm aufgrund der Jahreszeit angemessen sind. Es gibt also eine Art Kodex, nach dem das Leben des Mikrokosmos mit dem des Makrokosmos in Einklang gebracht werden kann. Es kam dann darauf an, in der äußeren Welt auch die Substanzen zu suchen, die am besten für die Ernährung der Eingeweide geeignet waren. Und man mußte vor allem darauf achten, daß der Kreislauf der Lebenskräfte im Innern des

Körpers gut funktionierte und nirgendwo blockiert wurde – welch letzterer Umstand als der wichtigste krankmachende Faktor galt.

Die Taoisten hatten weitgehend die gleichen Anliegen wie Ärzte, weshalb man bei ihnen vielen Heilern begegnet. Doch ihre Ziele waren weiter gesteckt und ihre Methoden waren anders beschaffen. So unterschieden sie im Körper drei Bereiche, die sie die drei »Zinnoberfelder« *(tan-t'ien)* nannten. (Wir werden sehen, daß der Zinnober der wesentliche Bestandteil des Elixiers der Unsterblichkeit ist.) Das obere Zinnoberfeld liegt im Gehirn. Das zweite Zinnoberfeld befindet sich in der Nähe des Herzens. Das dritte Zinnoberfeld liegt unterhalb des Nabels in der Nähe des Meers der Energie *(ch'i-hai)*. Jedes Zinnoberfeld dient, wie im übrigen jeder andere Ort des Körpers auch, Schutzgottheiten *(shen)* als Wohnung. Sie werden aber auch von schädlichen Wesen, von den »drei Würmern«, auch »drei Leichendämonen« genannt, bewohnt. Letztere greifen die Lebenskraft ihres Wirts an, und zwar jeder auf seine Weise: Der obere Dämon greift die Augen an und verursacht andere Schäden im Kopf. Der mittlere Dämon geht auf Magen und Eingeweide los, und der untere Dämon löst Krankheiten der Nieren aus, entzieht dem Menschen seinen Samen und sein Mark, trocknet seine Knochen aus und bleicht sein Blut. Überdies liegt ihnen daran, daß das Wesen, das ihnen als Wohnung dient, so bald als möglich stirbt, denn dadurch werden sie wieder frei. Deshalb reizen sie ihren Wirt zu bösen Taten auf und berichten über diese in regelmäßigen Abständen vor den himmlichen Tribunalen – was wiederum dazu führt, daß die dem Wirt zugemessene Lebensspanne verkürzt wird. Deshalb muß sich der Adept der drei Dämonen entledigen. So darf er keine ge-

wöhnliche Nahrung mehr zu sich nehmen, denn ihre Essenz würde die drei Würmer am Leben erhalten. Er enthält sich deshalb nicht nur der Körnerfrüchte, sondern auch des Fleisches, des Alkohols und stark riechender Gewürze und Pflanzen. Statt dessen nährt er sich von Substanzen, die geeignet sind, die drei Dämonen zu töten – vor allem von Heilpflanzen, aber auch von mineralischen Substanzen.

Erst nach der Austreibung der im Innern vorhandenen Dämonen können alle Übungen des Langen Lebens ihre volle Wirksamkeit entfalten. Von da an ernährt sich der Adept nur noch von Essenzen, etwa von Tau oder von ätherischen Ausstrahlungen des Kosmos. Ein Verfahren, das die »Fünf Keime« genannt wird, ermöglicht es, sich die *ch'i* der Fünf Wandlungsphasen einzuverleiben, um so die fünf *tsang* (Funktionskreise) zu stärken. (Andere Adepten wiederum ziehen es vor, die Strahlen der Sonne in sich aufzunehmen.) Alle diese Verfahren, sich von Ausstrahlungen oder *ch'i* (»Energien«) zu erhalten, sind Weiterentwicklungen früherer Methoden der Atemführung, deren wichtigste Regel lautete: »Das alte *(ch'i)* ausspeien, das neue *(ch'i)* aufnehmen« – anders gesagt, die Luft durch die Nase einatmen und durch den Mund ausatmen. Doch wird die äußere Welt ihrerseits durch einen gewaltigen Atemvorgang am Leben erhalten, wobei man zu unterscheiden lernen muß zwischen belebendem *ch'i* und totem *ch'i*. Ersteres entspricht der Zeit zwischen Mitternacht und Mittag, letzteres der Zeit zwischen Mittag und Mitternacht. Die Atemübungen dürfen folglich nur zur Zeit des belebenden *ch'i* durchgeführt werden. Auch kommt es dabei nicht darauf an, wie der Laie zu atmen, sondern das *ch'i* muß so geführt werden, »daß die *ch'i* der Neun Himmel, nachdem sie durch die Nase eingetreten sind, durch den ganzen Körper fließen und sich schließlich in den Palast des Hirns ergießen«. Man führt das *ch'i* durch eine »innere Schau«, welche den Adepten in die Lage versetzt, durch ein Nach-innen-Wenden seines Blicks (der Blick ist für die Chinesen nicht nur etwas Wahrnehmendes, sondern auch etwas Erleuchtendes) und durch Konzentration seiner Gedanken sich das *ch'i* sinnlich vorzustellen, mitunter in Gestalt eines kleinen Menschen, und es willkürlich zu lenken. Er kann es also auf diese Weise auch an eine kranke Stelle führen, wo es eine störende Blockade beseitigen wird. Ein besonderes, »Embryonalatmung« genanntes Verfahren besteht darin, nicht die Atemluft, sondern ein inneres *ch'i* kreisen zu lassen. Dieses Verfahren unterscheidet sich praktisch überhaupt nicht von der inneren Alchemie, von der noch zu sprechen sein wird.

Die *ch'i*-Übungen werden im allgemeinen durch gymnastische Übungen ergänzt sowie durch eine Sexualhygiene und eine Diät. Gymnastik erleichtert die Zirkulation des *ch'i*, weil der Körper elastischer wird und Hindernisse in den inneren Bahnen weichen. Die sexuellen Übungen sind bereits seit der Han-Zeit bezeugt und mithin sehr alt und zielen darauf ab, jene Verluste von Lebensenergie, die bei der »Vereinigung von Yin und Yang« auftreten, zu vermeiden. Normalerweise werden sie von zwei taoistischen Partnern ausgeführt, in welchem Fall beide aus ihnen Nutzen ziehen. Doch bedienen sich manche Taoisten einer nicht unterwiesenen Frau und können dann ihre eigene Lebenskraft auf Kosten dieser vermehren. Eine solche Art von Vampirismus wird als gegen die Lehre verstoßend verworfen.

Die genannten Verfahren treten jedoch in allen Schulen zurück hinter der Suche nach Arzneien und Nährstoffen,

洗心退藏圖

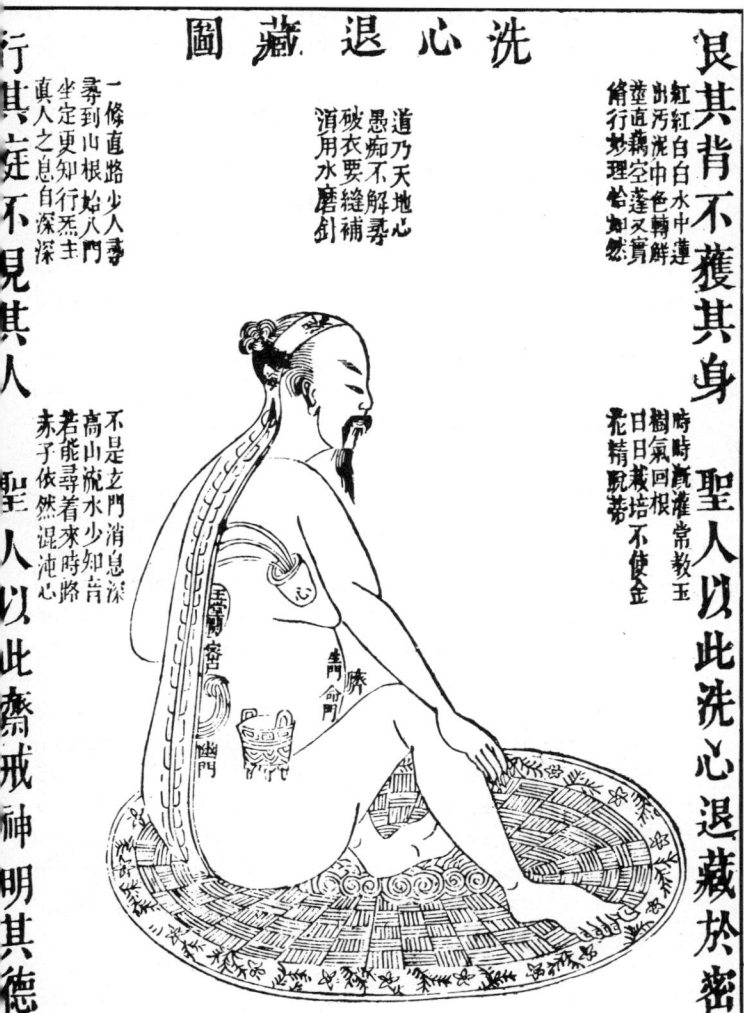

艮其背不獲其身 聖人以此洗心退藏於密

紅紅白白水中蓮
出汚泥中色轉鮮
莖直藕空蓬又實
脩行妙理恰如然

道乃天地心
愚痴不解尋
破衣要縫補
消用水磨針

一條直路少人尋
尋到山根始入門
坐定更知行照主
真人之息自深深

時時澆灌常教玉
樹氣回根
日日栽培不使金
花精脫蔕

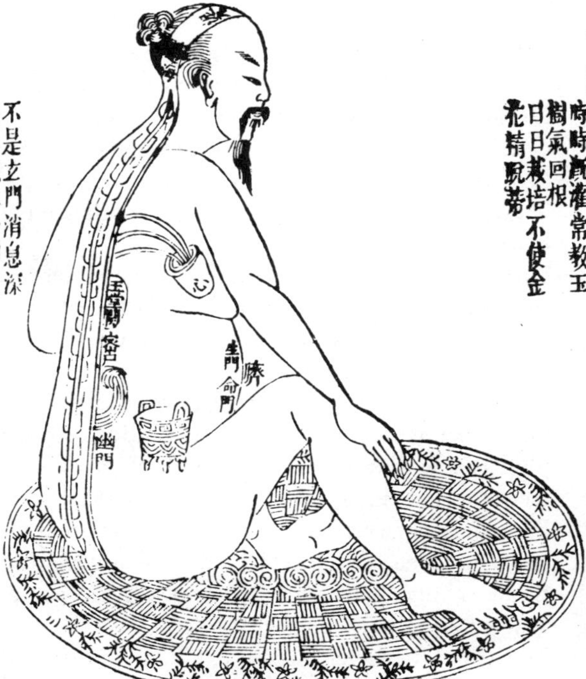

不是玄門消息深
高山流水少知音
若能尋着來時路
赤子依然混沌心

行其庭不見其人 聖人以此齋戒神明其德

die zur Lebensverlängerung oder sogar zur Erzielung einer körperlichen Unsterblichkeit sich eignen. Aus diesem Grund ist die Große Pharmakopöe (das *Pen-ts'ao-ching*) in den *Tao-tsang* (den »Taoistischen Kanon«) aufgenommen worden. Ihr ursprünglicher Verfasser war kein anderer als Shen-nung, der Gestaltende Landmann, einer der ersten legendären Herrscher und der erste Sammler und Erprober von Heilpflanzen. Im übrigen hat das *Pen-ts'ao* nicht nur heilkräftige Pflanzen zum Gegenstand, sondern auch Mineralien und Stoffe tierischen Ursprungs. Allerdings kam nach Auffassung der Taoisten nicht all diesen Drogen die gleiche Bedeutung zu. Im Buch *Pao-p'u-tzu* werden drei Kategorien von Drogen in Abhängigkeit von ihrer Wirkkraft unterschieden: Jene der oberen Kategorie bringen die Unsterblichkeit, jene der zweiten Kategorie verlängern das Leben, jene der dritten, zu der vor allem Heilpflanzen gehören, heilen Krankheiten.

Unter den Drogen der ersten Kategorie findet man in absteigender Reihenfolge Zinnober, Gold, Silber, die fünf Pilze (und verwandte Substanzen), Jade, Glimmer, Auripigment (= Schwefelarsen).

Das Sammeln der Heilpflanzen und das Aufsuchen der kostbaren Mineralien erforderte die Beobachtung komplizierter Regeln hinsichtlich der rechten Zeit sowie die Kenntnis geheimer Zeichen und zauberkräftiger Gebärden. Deswegen schreibt Ko Hung Talismanen und anderen Verfahren, durch welche man sich gegen böse Einflüsse schützt oder den Beistand der Geister gewinnt, große Bedeutung zu.

Nach der Überlieferung war es Chang Tao-ling, der erste Himmlische Meister, der die *fu* genannten magischen Talismane erfunden hat. Es mag interessant sein, zu erfahren, daß dieser Ausdruck ursprünglich »Kennzeichen« oder »Verträge« bezeichnete, die auf Bambusbrettchen, auf Metallplättchen oder aber auf Papierstücke geschrieben waren und die man in zwei Teile trennte, so daß jede Partei einen Teil des Zeichens behielt. So scheint es, daß die *fu* der Himmlischen Meister heilsame Zaubersprüche waren, die die Einhaltung einer Art mit den Göttern geschlossenen Vertrags sicherstellten – denn die Anhänger der Sekte verpflichteten sich durch Eid gegenüber den Gottheiten, unter Berufung auf eine dem Chang Tao-ling durch Lao-tzu zuteilgewordene Offenbarung. Sie versprachen, nicht zu sündigen, und erhielten dafür die Zusicherung, daß sie nicht erkranken würden. Talismane waren allerdings in nahezu allen Sekten in Gebrauch, und sie waren ein wichtiges Element bei allen Zeremonien. Ein *tao-shih* (taoistischer Meister), der beabsichtigte, in das Gebirge einzudringen, um nach den Drogen des langen Lebens zu suchen, versäumte es nicht, sich mit magischen Zeichen und Sprüchen zu versehen. Ko Hung spricht es ganz klar aus: ohne Talisman läuft man nicht nur Gefahr, den zahlreichen Geistern, die die einsamen Orte unsicher machen, zum Opfer zu fallen; sondern die Genien des Gebirges würden vor dem Suchenden die Drogen verbergen, so daß er sie nicht finden könnte. Dieser Schriftsteller gibt einige Talismane an, jeweils in Gruppen von fünf, weil sie Macht verliehen entweder in den fünf raum-zeitlichen Bereichen des Kosmos oder auf jedem der Fünf Heiligen Berge, die Erhebungen darstellen, welche auf die sakralen Mächte des Gebiets polarisierend und bindend wirkten.

Heutzutage dienen die von den *tao-shih* ausgegebenen Talismane vor allem »medizinischen« oder »psychologi-

圖藥二外內

其用則二何謂體本來三寶一
體是也何謂用內外兩般作用
是也故悟真篇云內藥還同外
藥內邊外亦滇通丹頭火熟首
然紅溫養兩作用此漸熟也
權法也接中根及下根人

大藥雖分神氣精三般原是
一根生凡夫生死如輪轉只
因迷卻本來心心卽性也故
朗然子曰本來真性號金丹
四大爲爐煉作團此頓教也
實法也按上根人及上根人

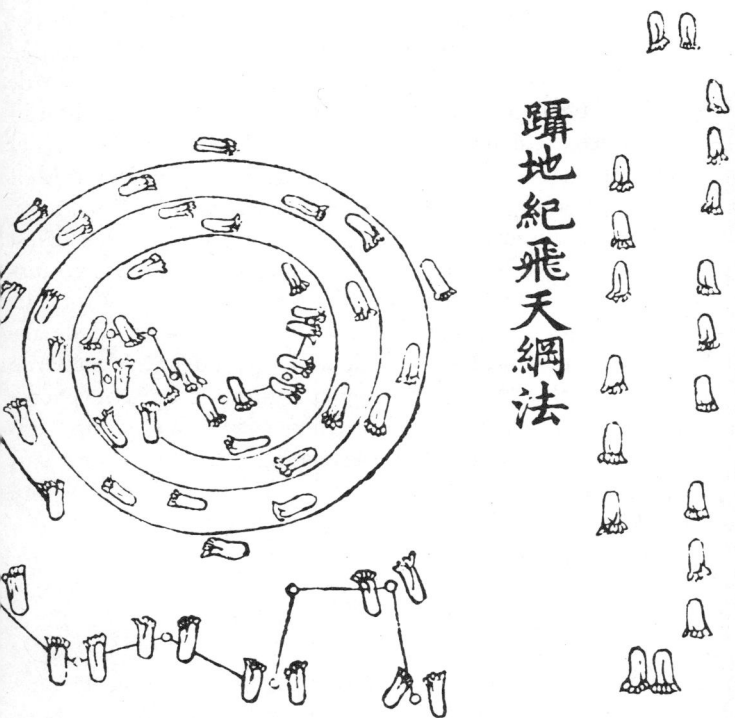

踴地紀飛天網法

schen« Zwecken: sie sollen die Niederkunft erleichtern, bestimmte Krankheiten heilen, Kranke oder die Angst kleiner Kinder besänftigen.

Die Taoisten verfügen auch noch über andere Mittel, um übernatürlichen Mächten zu begegnen. Unter diesen sind ohne Zweifel die magischen Tänze am bemerkenswertesten. Der bekannteste dieser Tänze ist der bereits im Altertum bezeugte »Schritt des Yü«. Der Große Yü hatte sich, um die große Überschwemmung zu bezwingen, so sehr angestrengt, daß er schließlich zu hinken begann. Sein Gang sei das Vorbild des nach ihm benannten »Schritts« geworden. Nach anderer Auffassung wurde das Geheimnis dieses Tanzes dem Heros von himmlischen Genien offenbart, um ihm Macht über die Geister der Natur zu verleihen. Nach einer noch anderen Meinung wird der Schritt des Yü von seltsamen Vögeln getanzt, die auf diese Weise Steine zerspringen lassen. Es ist ein hüpfender Tanz, den die Zauberer oft in Trance ausführen. Für die *tao-shih* hingegen rührt seine Wirkkraft in erster Linie aus der Bahn, die der Zelebrierende abschreitet; eine Bahn, die dem Zickzack des Großen Bären oder anderer labyrinthischen Figuren entspricht. Dieser Schritt, den Ko Hung in einem Kapitel beschreibt, das den »Methoden zur Besteigung der Berge und zur Durchquerung der Flüsse« gewidmet ist, besaß für ihn die gleiche Wirkkraft wie Talismane.

Die Alchemisten

Wie wir sahen, räumte Ko Hung unter den Drogen des Langen Lebens dem Zinnober und dem Gold die ersten Plätze ein. Es war Sache der Alchemisten, zu versuchen, diese Substanzen herzustellen. Es ist sicher, daß die chinesische Alchemie, die erstmals im 2. Jahrhundert vor Chr. schriftlich bezeugt ist, lange vor dieser Zeit in Kreisen, die den Metallgießern und anderen Meistern des Feuers nahestanden, praktiziert worden ist. Als Kaiser Wu erwog, die feierlichen Opfer auf dem Tai-shan (dem in der Provinz Shantung gelegenen Heiligen Berg des Ostens) zelebrieren zu lassen, erwähnten die Zauberer, die er an seinem Hof freihielt, den Huang-ti, der, ehe er glorreich in den Himmel emporgestiegen war, einen heiligen Kessel gegossen hatte. Einer dieser Magier erhielt Zutritt zum Kaiser, »weil er die Kunst, der Esse zu opfern, die Methoden, sich der Körnerfrüchte zu enthalten und nicht zu altern, kannte«. Er sprach zum Kaiser: »Bringt der Esse ein Opfer dar und Ihr werdet übernatürliche Wesen herbeirufen. Dann kann das Zinnoberpulver in Gold verwandelt werden. Hat man Gold hergestellt, so könnt Ihr daraus Eß- und Trinkgefäße herstellen lassen und Ihr werdet Euer Leben verlängern. Dann könnt Ihr die Seligen auf der mitten im Meer gelegenen Insel P'eng-lai sehen. Wenn Ihr diese gesehen und die Opfer *feng* und *shan* vollzogen habt, werdet Ihr nicht mehr sterben. Solches ist auch dem Huang-ti geschehen.«[17] Nachdem Kaiser Wu diese Rede vernommen hatte, ließ er zum ersten Mal dem Ofen ein Opfer darbringen und nahm sich der Verwandlung des Zinnoberpulvers und anderer Drogen an, um Gold zu gewinnen.

Der Ofen, von dem hier die Rede ist, ist offensichtlich der Ofen der Alchemisten. Das ihm dargebrachte Opfer sollte Genien herbeirufen, deren Anwesenheit die Bildung magischen Goldes begünstigen würde. Hätte der Kaiser aus einem Geschirr gegessen, das aus solchem Gold gefertigt war, so hätte er seine Lebenskraft, seine »Heiligkeit«, in solchem Maße steigern können, um mit den Unsterblichen Verkehr aufzunehmen und nach Vollzug dem Himmel und der Erde dargebrachter feierlicher Opfer selbst *hsien-jen* zu werden.

Gold und Zinnober sind die zwei wichtigsten Ingredienzien der chinesischen Alchemie geblieben, das eine aufgrund seiner Beständigkeit, der andere wegen seiner Farbe und seiner chemischen Eigenschaften. Zinnober

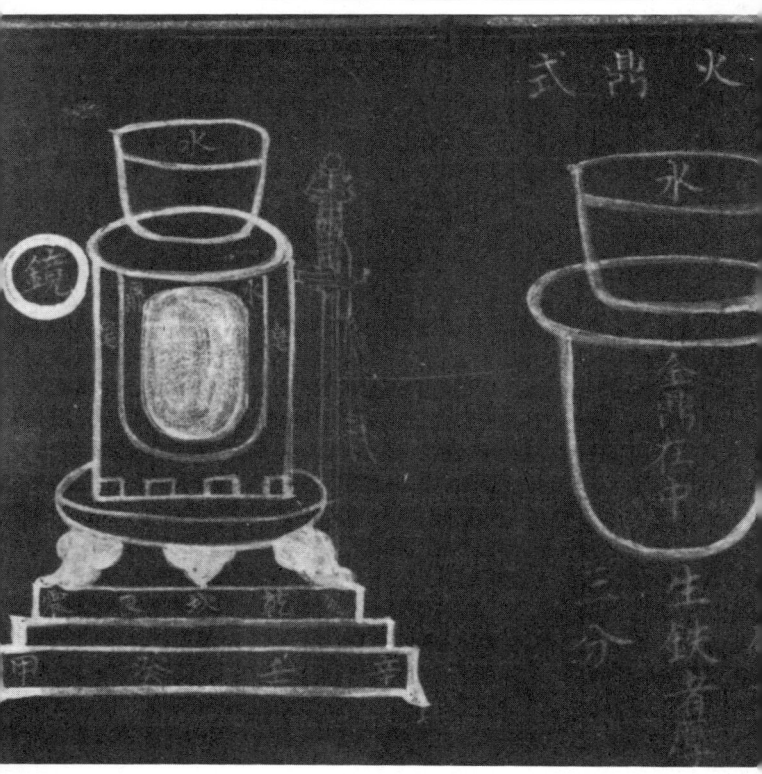

kommt in verschiedenen chinesischen Provinzen natürlich vor und wurde in dieser Form auch lange Zeit aufgesucht. Doch schon seit der Han-Zeit verstand man es, ihn künstlich durch Reaktion von Schwefel und Salpeter mit Quecksilber zu gewinnen – und aus diesem schön roten Zinnober stellte man das Zinnoberrot her. Gleichfalls seit der Han-Zeit versuchten die Alchemisten, künstliches Gold herzustellen. Manche glaubten dabei Erfolg zu haben, indem sie Quecksilber mit anderen Metallen legierten.

Als die Alchemie eine spezifisch taoistische Wissenschaft geworden war, war ihr Ziel nicht mehr, wie zur Zeit des Kaisers Wu, die Herstellung von zauberkräftigem Tischgeschirr, sondern die Bereitung des Elixiers der Unsterblichkeit durch Umwandlung chemischer Substanzen.

Der älteste alchemistische Traktat stammt von Wei Po-yang, der Mitte des 2. Jahrhunderts unserer Zeitrechnung geschrieben haben soll. Sein Titel lautet *Chou-i Ts'an-t'ung-ch'i*. Die Bedeutung dieser Worte ist nicht ganz bestimmt: »Dreifacher Einklang zwischen den Wegen des Himmels, der Erde und des Menschen« oder »Dreifacher Einklang der Wege des *I-ching*, des Taoismus und der Alchemie«. Das Werk handelt im wesentlichen von der Herstellung des Zinnobers als Grundlage des Elixiers der Unsterblichkeit, doch wird in ihm eine esoterische Sprache verwendet, die dem nicht Eingeweihten unverständlich bleibt. Dennoch wurde der Text wiederholt kommentiert. Obwohl seine Deutungen bei verschiedenen Kommentatoren voneinander abweichen, wird die hermetische Beschaffenheit des Textes durch diese Kommentare etwas aufgehellt. Zentral ist die Vorstellung, daß man im Kessel des Alchemisten in der Natur ablaufende Wandlungen beschleunigen könne. Insbesondere sei es möglich, durch eine Reihe von Sublimationen einen gereinigten Zinnober zu gewinnen. Nimmt man diesen Zinnober ein, so »zerstreut er die schädlichen Dämpfe, die im Körper sind, parfümiert er die vier Extremitäten, läßt er sodann den Teint sich wunderbar verschönen, weiße Haare wieder schwarz werden, ausgefallene Zähne neu wachsen, den Greis zu einem Jüngling und die Greisin zu einem Mädchen werden. Man gewinnt die Möglichkeit, sein äußeres Aussehen zu verändern, um sich den Gefahren der Welt zu entziehen. Wem das gelingt, der darf *chen-jen* (d.h. ein Heiliger, der die Reinheit seiner ursprünglichen Natur wiedergewonnen hat) genannt werden.«

Man war der Meinung, daß die wesentliche Lebenskraft des Menschen sein *yüan-ch'i* (sein Ur-*ch'i*) darstellte, mit anderen Worten, ein Fragment des Urchaos. Manche Schriftsteller präzisieren, daß es sich dabei richtiger um eine Mischung von Yin und Yang handelte – jener Sonderungen also, die sich im Chaos vollzogen, als die Welt entstand. Krankheit und Tod sind durch eine Zerstörung dieses Gleichgewichts bedingt, welche der Verlust dieses *yüan-ch'i* nach sich zieht. Nun sind die Ärzte zwar in der Lage, letzteres, wenn es geschmälert ist, zu vermehren. Doch nach Auffassung der Alchemisten können allein der Zinnober und das Gold im Organismus jenen Urzustand wiederherstellen, in welchem das Yin und das Yang so eng miteinander vereinigt sind, daß sie sich nicht unterscheiden lassen. Dies war die Deutung, die sie den Worten »umfangt die Einheit« des Lao-tzu beilegten.

Der größte alchemistische Theoretiker nach Wei Poyang war Ko Hung, der Verfasser des *Pao-p'u-tzu*. Tatsächlich gibt Ko Hung zu, daß er selbst keine Versuche machen konnte, weil diese sehr kostspielig sind, er aber arm war. Doch hatte er von seinem Lehrer eine umfangreiche Bibliothek geerbt, deren Titel er bekanntgibt. Es ist dies das erste Verzeichnis taoistischer Schriften, das aus jener Zeit auf uns gekommen ist. Von diesen Titeln unterlagen die alchemistischen Texte einer besonderen Geheimhaltung.

Ko Hung räumt den Wert nicht-alchemistischer Arzneien ein, stellt aber fest, daß sie nicht zur Erlangung der Unsterblichkeit ausreichen, denn, wie es in einer mündlich weitergegebenen Lehre des Lao-tzu heiße: »Wenn du nicht den sublimierten Zinnober und den Goldsaft gewinnst, machst du dir viel vergebliche Mühe.«

Die wunderbaren Eigenschaften des Goldes und des Zinnobers erläutert Ko Hung folgendermaßen:

Der Zinnober ist eine Substanz, die um so wunderbarere Verwandlungen durchläuft, je länger man sie erhitzt. Umgekehrt verändert das Gold, auch wenn man es in die Flammen legt und hundertmal schmilzt, nie seine Wesensart. Auch wenn man es eingräbt, zersetzt es sich bis an das Ende der Zeiten nicht. Nimmt man diese beiden Substanzen ein, so bewirken sie eine Sublimation des menschlichen Körpers... Auch noch der minderwertigste Zinnober ist der vorzüglichsten der Heilpflanzen um vieles überlegen. Verbrennt man Pflanzen, so werden sie zu Asche. Zinnoberkörner hingegen, wenn man sie erhitzt, lassen Quecksilber entstehen; sublimiert man dieses weiter, so erhält man abermals Zinnober... (Kapitel 4 des *Pao-p'u-tzu*)

Ko Hung gibt eine ganze Reihe von Rezepten an, die er aus verschiedenen anderen Werken gesammelt hat. Für die vorzüglichste Methode hält er allerdings jene, die dazu führt, sich bei hellem Tag gen Himmel zu erheben. Es ist das Verfahren des »neunfach geläuterten Zinnobers«. Bei jeder Wandlung oder Sublimation gewinnt man einen in seiner Wirksamkeit gesteigerten Zinnober:

Um ein Unsterblicher zu werden, muß man drei Jahre lang vom Zinnober der ersten Wandlung einnehmen; (das gleiche Resultat) bedarf mit dem Zinnober der zweiten Wandlung nur zwei Jahre ... und wenn man gar den neunfach verwandelten Zinnober hat, so genügt es, von ihm drei Tage hintereinander einzunehmen ... Der neunfach sublimierte Zinnober ist wahrlich das beste Präparat unter allen Drogen der Unsterblichkeit. Allerdings erfordert seine Herstellung zahlreiche Zutaten, die nur schwer zu erlangen sind, vor allem in unruhigen Zeiten. Überdies muß das Feuer sorgfältig gehütet werden, um seine Stärke den verschiedenen Phasen der Operation anzupassen.

All dies, so erklärt Ko Hung, ist eine sehr aufreibende Arbeit, die nur schwer gelingt.

Obwohl er behauptet, selbst nicht praktisch das Werk betrieben zu haben, scheint er sich dennoch mehr für die alchemistische Praxis interessiert zu haben als Wei Po-yang. Umgekehrt scheint letzterer der erste gewesen zu sein, der eine Theorie entwickelte. Denn es gibt zwei Traditionen, die der Laboratorien und die der spekulierenden Theoretiker. Das heißt nicht, daß es nicht zwischen beiden Verbindungen gab, wohl aber, daß die zweitgenannte unter Verwendung einer esoterischeren Sprache eine neue Interpretation der alchemistischen Theorie möglich machte – wodurch das entstand, was man den »Inneren Zinnober« *(nei-tan)* nennt, im Gegensatz zur operativen Alchemie, die man »Äußeren Zinnober« *(wai-tan)* nennt.

Nei-tan, der »Innere Zinnober«

Nach dieser Theorie innerer Alchemie wird bestritten, daß grobe Stoffe wie Quecksilber, Zinnober, Lehm oder

尊天德道

Metalle eine Verwandlung des Organismus herbeiführen und den Menschen unsterblich machen können, wie die Alchemisten glauben. Die Begriffe, deren sich Wei Po-yang bedient, dürften nicht als Bezeichnungen chemischer Substanzen verstanden werden, sondern vielmehr als die von kosmischen Einflüssen, welche auf zwei Ebenen wirksam sind, im Makrokosmos und im Mikrokosmos.

Diese Einflüsse werden durch die Trigramme und Hexagramme *(kua)* des *I-ching* (»Buch der Wandlungen«) symbolisiert. So heißt es zu Beginn des *Ts'an-t'ung-ch'i*, daß zunächst die zwei Grund*kua*, nämlich *ch'ien* und *k'un*, Himmel und Erde, von denen das erste nur aus Yang-Linien, das zweite nur aus Yin-Linien besteht, die Pforte des *I* (mit anderen Worten, den Eingang, den Beginn aller Wandlungen) bezeichnen. Denn sie gelten ja als die »Eltern« aller übrigen *kua*. Darauf folgen die *kua k'an* und *li*, die mit *ch'ien* und *k'un* die Besonderheit gemeinsam haben, ihre Bedeutung nicht zu verändern, wenn man sie umkehrt. *K'an* und *li* bezeichnen die Aktivität von *ch'ien* und *k'un*, mit anderen Worten, der Einflüsse des Himmels und der Erde. In alchemistischer Sprache bezeichnen *ch'ien* und *k'un* Ofen und Kessel, *k'an* und *li* hingegen die Ingredienzien, aus deren Verbindung das Elixier hervorgeht. Deshalb sind diese vier *kua* die Grundsymbole. Die übrigen sechzig Hexagramme stehen für die Zeitqualitäten, nach denen der Alchemist sich während der Operation richten muß.

Nach der Lehre des *nei-tan* entspricht der menschliche Körper einem Dreifuß, der vom Himmel und von der Erde Yin und Yang empfangen hat, die beiden Elemente des Lebens. Doch in diesem Lebens-Yin ist Yang enthalten, und im Yang ist Yin enthalten, weshalb sie durch die *kua kan* und *li* dargestellt werden. Letztere stellen die hierogamische Vereinigung von *ch'ien* und *k'un* dar, und allgemeiner von Yin und Yang. Es heißt auch, daß die solaren und lunaren Prinzipien sich vereinigen, denn *k'an* und *li* stehen im *I-ching* auch für Sonne und Mond. Dem Mythos nach wohnt in der Sonne ein Rabe *(yin)* und im Mond ein Hase *(yang)*, der dort das Elixier der Unsterblichkeit zerstampft.

Sowohl der Kessel des Alchemisten als auch der menschliche Körper sind eine Welt im Kleinen, ein Mikrokosmos. Der Kessel gleicht, so sagt man, einem Ei, das aus zwei Hälften (dem Himmel und der Erde) besteht. Werden diese eng zusammengefügt, so hat man ein Bild des Urchaos. Beim Menschen ist der Kopf *ch'ien*, der Bauch *k'un*. Und diese beiden *ch'i* steigen empor oder senken sich ab, ganz wie die Ausstrahlungen des Himmels und der Erde, aus deren Vereinigung alle Wesen entstehen. Im Körper geht dieser Kreislauf in zwei Bahnen vonstatten, einer für das Yin, die *Sinarteria respondens (jen mai)*, der anderen für das Yang, die *Sinarteria regens (tu mai)*, die die beiden großen Verbindungswege zwischen der Höhe und der Tiefe des Körpers darstellen. Die Kommentatoren verweisen hier gern auf das 6. Kapitel des *Lao-tzu* (»Der Geist des Tals«), dessen tiefer Sinn darin liege, diesen Kreislauf und diese inneren Hierogamien zu schildern. Auch sonst sind im *Ts'an-t'ung-ch'i*, indem man bestimmten Sprüchen des alten Meisters eine alchemistische Bedeutung beilegt, Anspielungen auf das *Tao-tê-ching* keine Seltenheit. Andererseits enthält das Werk zahlreiche erotische Assoziationen, die von manchen Taoisten wörtlich genommen wurden in der Annahme, daß es sich um einen Traktat über Techniken der »In-

日烏月兔圖

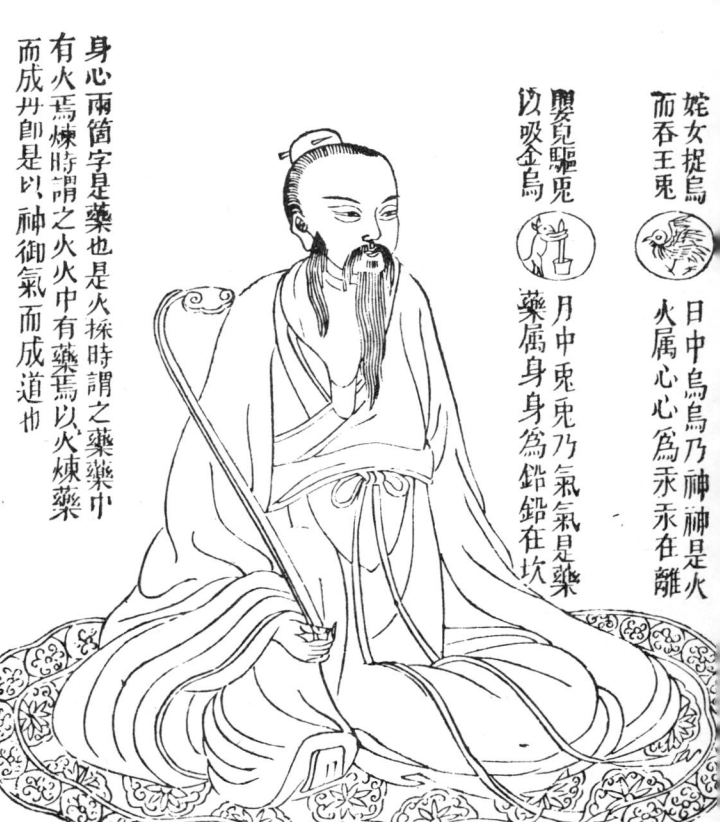

姹女捉烏
而吞玉兔

日中烏烏乃神是火
火屬心心爲汞汞在離

嬰兒驅兔
汲吸金烏

月中兔兔乃氣氣是藥
藥屬身身爲鉛鉛在坎

身心兩箇字是藥也是火採時謂之藥中
有火焉煉時謂之火火中有藥焉以火煉藥
而成丹卽是以神御氣而成道也

neren Kammer« *(fang-chung)* handelte. Die Mehrzahl der Kommentatoren wendet sich heftig gegen eine solche Deutung, wobei ihnen sicher beizupflichten ist.

Nei-tan ist also eine Abart der Embryonalatmung, bei der die Vorgänge unter Verwendung der Geheimsprache der Alchemie beschrieben werden. Durch Anwendung der Embryonalatmung suchte der Eingeweihte gewissermaßen in den Zustand des Neugeborenen im Schoß seiner Mutter zurückzukehren: der Kreislauf des *ch'i*, das, wie wir sagten, eine Partikel des Ur-*ch'i (yüan-ch'i)* (des undifferenzierten Äthers) war, funktionierte in geschlossenem Kreislauf. Man holte es sich im *ch'i-hai* (»Meer des *ch'i*«) in der Nähe des unteren Zinnoberfelds, wo es konzentriert war, und ließ es zum Hirn emporsteigen und von dort durch den ganzen Körper kreisen – all dieses während man versuchte, die normale Atmung anzuhalten oder zumindest auf ein äußerstes Minimum zu verringern.

Im wirklichen *nei-tan* hingegen wurden die inneren Legierungen und Sublimationen in erster Linie durch eine Sammlung der Gedanken, jedoch ohne Spannung, vollzogen. Es kam hier darauf an, die Lebensvorgänge, die normalerweise zum Tod des Individuums führen, umzukehren. Bei den meisten Menschen obsiegt das *p'o*, d.h. die dunkle Seele der Leidenschaften, die nach dem Tod zu einem unterirdischen Geist wird, über das *hun*, die lichte Geistseele. Als Folge hiervon gibt sich der Mensch Tätigkeiten hin, die durch seine Leidenschaften bestimmt sind und in welchen seine Lebensenergie nach außen dringt und verlorengeht, vor allem beim Geschlechtsverkehr. Dabei entstehen neue Wesen, während im übrigen der Einzelne sterben muß, wobei sich Yin

嬰兒現形圖

夫蠕蠕之虫
孕蜾蠃之子
傳其情交其
精混其氣和
其神隨物大
小俱得其真

此時丹熟更須慈母惜嬰兒

氣穴法名無盡藏
藏包於毬毬包空
我問空中誰是子
他云是你土人翁

行走坐臥
抱雄守雌
綿綿若存
念茲在茲

他日雲飛方見眞人朝上帝

潛龍今已化飛龍
變現神通不可窮
一朝跳出珠光外
湧身直到紫微宮

神水浴液
漑灌根株
內外無塵
長養聖軀

und Yang trennen und an ihre jeweiligen Ursprünge zurückkehren und das Ich sich auflöst. Die Methoden des *nei-tan* sollen diesen »Abstieg« des organischen Lebens verhindern und im Gegenteil einen Aufstieg der Lebenskräfte und eine Vereinigung von Yin und Yang bewirken. Ebenso wie die Frau dem Mann untertan sein muß, muß das *p'o* dem *hun* unterworfen sein – mit größtem Gewinn für beide. Statt sich nach außen zu verströmen, werden dann die Lebenskräfte im Gegenteil innen gesammelt, und sie gewinnen Unabhängigkeit von der sinnlichen Welt und ihren Verlockungen. Statt nach außen neue Wesen zu erzeugen, läßt der Eingeweihte in sich selbst einen neuen Menschen erstehen. Dieser Gedanke wird symbolisch in der alchemistischen Metapher von der Perle des Lebens dargestellt, die sich strahlend und lebendig über dem Tiegel erhebt; oder aber durch einen Homunculus, der in der Tiefe des Körpers als Frucht der Vereinigung von *k'an* und *li* entsteht. Dieser Embryo steht für die unsterbliche Seele, die der Taoist geschaffen hat. Diese verläßt nach Vollendung des großen Werks schließlich den sterblichen Körper und steigt in den Himmel empor. Die so durch *nei-tan* erzeugte unsterbliche Seele wird auch »Goldene Blüte« genannt, die sich öffnet, wenn das Individuum sich von jeder äußeren Bindung befreit hat.[18]

Die Meditation

Embryonalatmung und *nei-tan* sind im wesentlichen geistige Operationen, denn durch die Gedanken wird das *ch'i* durch den Körper geführt, werden die inneren alchemistischen Symbole manipuliert. Eine spezielle

Technik der Konzentration gestattet es, den Blick nach innen zu wenden. Dann verfolgen die Augen dort den Lauf des *ch'i*. Die Pupillen nämlich, die Materialisationen des reinen Yang sind, haben eine erhellende Kraft. Sie vertreiben die Finsternis – und das Prinzip des Lichts und des Lebens triumphieren.[19]

Die innere Schau gestattet auch die Wahrnehmung verschiedener Geister oder Gottheiten, die im Körper wohnen. Jedes Eingeweide, jedes Organ, die Augen, die Ohren, die Haare besitzen einen oder mehrere solcher Bewohner. Zahlreiche Abhandlungen geben eine genaue Beschreibung, die Namen und oft sogar bildliche Darstellungen von ihnen, damit man sie sich leichter visuell vorstellen und mit ihnen verkehren kann. Da der Körper ein Mikrokosmos ist, sind diese inneren Gottheiten zugleich die Gottheiten der äußeren Welt. Doch ist dieses Pantheon so gewaltig und so vielschichtig, daß es hier nicht einmal in knappen Zügen beschrieben werden kann. Die Bedeutung all dieser Götter, die im allgemeinen wenig individuelle Züge trugen, war es, der Meditation zur Stütze zu dienen. Zwar haben manche Taoisten geglaubt, daß es zunächst notwendig sei, diese Gottheiten oder Unsterblichen in der äußeren Welt zu suchen, in der Einsamkeit der Gebirge. Doch bald setzte sich der Gedanke durch, daß es genügte, sie in sich selbst zu entdecken. Chou I-shan, ein legendärer Taoist am Ende der Han-Zeit, brachte lange Jahre damit zu, die Götter auf Fahrten durch die Bergeinsamkeiten und Erkundungen von Höhlen zu suchen. Schließlich

> ... schloß er die Augen und richtete seine Blicke nach innen. Nach langer Zeit sah er tatsächlich, daß in der Hochzeitskammer die beiden großen Gottheiten anwesend waren, der Herr des Unbeschreiblichen Glan-

zes und der Herr des Weißen Anfangs. Ihre Kleider glichen jenen der Götter, die in dem Berg K'ung waren. Lachend rief der Herr Huang-lao aus: »Wie subtil! Welche Tiefe deiner gesammelten Gedanken! Dies ist der Weg, um bei hellem Tag gen Himmel zu fahren.«[20]

Der Ausdruck für Meditation lautete »sich auf das Eine konzentrieren« oder »das Eine bewahren«. Zur Zeit des Han-Kaisers Wu veranlaßten die Magier, daß dem Höchsten Einen *(T'ai-i)*, später auch dem Drei-Einen (dem einen des Himmels, der Erde, dem *T'ai-i*) ein Kult gestiftet wurde. Im späteren Taoismus stellte man sich vor, daß jeweils eine dieser drei Gottheiten in einem der drei Zinnoberfelder des Menschen residierte. Dabei blieben sie tatsächlich nur eine ungeteilte Einheit, jedoch mit drei Residenzen, in denen man sie sich vor dem geistigen Auge vorstellte. Die älteste Beschreibung der Meditation über das Eine findet sich im *T'ai-p'ing-ching* unter dem Titel *Shou-i-ming-fa*, d.h. »Verfahren zur Bewahrung des Lichts des Einen«:

Das Verfahren zur Bewahrung des Lichts des Einen ist die Grundlage der Kunst des Langen Lebens. Es gestattet, die Gottheiten aufzusuchen und aus ihrem Sitz in strahlendem Licht hervortreten zu lassen. Wenn man das Licht des Einen bewahrt, so muß man, sobald man etwas wie das Aufzucken einer ersten Flamme wahrnimmt, dieses Bild festhalten und nicht entschwinden lassen. Zunächst ist es rot, wird dann weiß und nach längerer Zeit schließlich grün. Es ist eine strahlende Helligkeit, die sich anscheinend immer weiter ausbreitet. Doch muß man sie sammeln und zusammenfassen. Dann wird im Innern alles erhellt. Auf diese Weise werden alle Krankheiten vertrieben. Und, wenn (man dieses innere Licht) ohne Fehl unterhält,

或來或行時止眼視於下心藏歛於重陽所謂腮任他
行處去一靈常與氣相隨有時四大醺醺醉借問青天我是誰

萬法歸一一歸何處
有者箇在
又怎麽去

白雲天云心不擇時適足不擇地安窮遍與遠近一貫無兩端
寶誌公云若能放下空無物便是如來藏裏行
維摩經云舉足下足皆從道場來
法藏集云晝心夜心常遊法苑夫

行禪圖

隨時隨處道遙於莊子無何有之鄉
不識不知遊戲於如來大寂滅之海
若天朗氣清之時當立禪納氣法而接命其法脚跟着地
鼻遵天兩手相懸在穴邊一氣引從天上降吞時汨汨到丹田

立禪圖

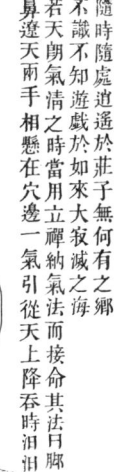

心無所住
湛然見性
體用如如
廓然無聖

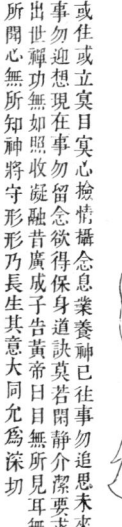

或住或立真目実心撿情攝念息業養神已往事勿追思未來
事勿迎現在事勿留念欲得保身道訣莫若閒靜介潔要求
出世禪功無如收凝融昔廣成子告黃帝曰目無所見耳無
所聞心無所知神將守形形乃長生其意大同允為深切

läßt sich sagen, daß man damit die Kunst besitzt, 10000 Jahre zu leben.

Eine solche im Verlauf der Meditation mit dem innern Auge vollzogene Wahrnehmung des Lichts wurde sicher schon in ältester Zeit geübt. Wir sahen, daß Lao-tzu oft von einem innern Licht spricht. Und Huai-nan-tzu vergleicht unter Verwendung eines Ausdrucks bei Chuang-tzu das Herz (das Bewußtsein) des Heiligen mit einer leeren Kammer, in der ein Licht aufleuchtet, ein Zeichen für die Gegenwart des Tao.

In späterer Zeit gehören zur Methode der Bewahrung des Einen nicht nur Lichtvisionen, sondern auch die Erscheinung von Gottheiten (der Drei-Einen), die aus Wandlungen im Innern des Eingeweihten entstehen.

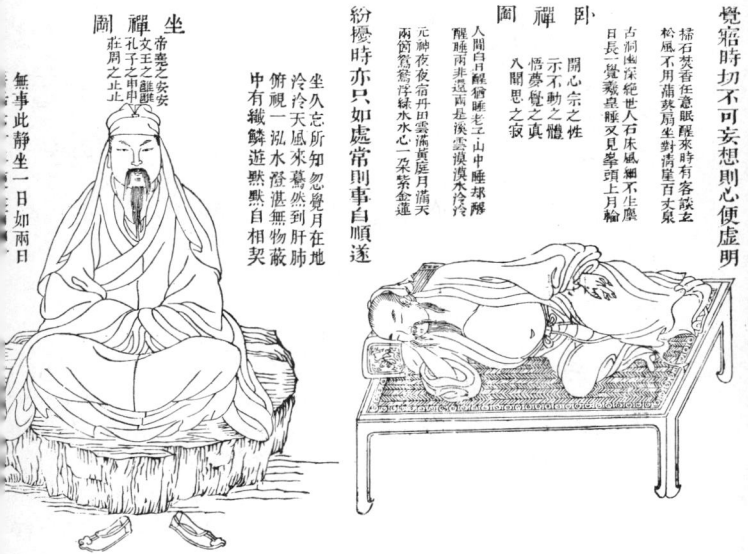

坐禪圖

帝堯之安安
文王之穆穆
孔子之申申
在周之止止

無事此靜坐一日如兩日

紛擾時亦只如處常則事自順遂

坐久忘所知忽覺月在地
冷冷天風來蕭然到肝肺
俯視一泓水澄湛無物蔽
中有纖鱗遊默默自相契

卧禪圖

開心宗之性
示不動之體
悟夢覺之真
入閒思之寂

人間日月醒猶睡老孔山中睡弗醒
醒睡兩非還真妄後雲漠漠水泠泠
元神夜夜宿丹田雲滿黃庭月滿天
兩扇簾幃浮綠水水心一朵紫金蓮

古桐疎案終世人石床風細不生塵
日長一覺羲皇睡又見峯頭上月輪

覺窩時切不可妄想則心便虛明

掃石焚香時有客談玄
松風不用蒲葵局坐對清湲百支泉

Ähnliche Meditationstechniken waren Teil aller religiösen Exerzitien. So etwa mußte der Eingeweihte, ehe er das »Buch zur Errettung der Menschen des *Ling-pao*« *(Tu-jen-ching)*, einen offenbarten Text, der lange zu den wichtigsten innerhalb des Taoismus gehörte, zu rezitieren begann, nach reinigenden Waschungen und vorangehender Enthaltsamkeit folgendermaßen vorgehen: Bei halbgeschlossenen Augen begrüßte er in seiner Vorstellung die Herrscher der 33 Himmel, beginnend mit dem im Osten; sodann stellte er sich mit vollkommen geschlossenen Augen drei Nebel in den Farben grün, gelb und weiß vor, die sich über seinem Sitz erhoben und bald den Raum erfüllten. Zu seiner Linken war der Grüne Drache, zu seiner Rechten der Weiße Tiger, vor

ihm der Rote Vogel, hinter ihm der Dunkle Krieger. Überdies gewahrte er zu seiner Rechten und zu seiner Linken zwei Reihen von je acht Löwen und zwei Reihen von je acht weißen Kranichen. Der Raum wurde überdies durch eine vor ihm befindliche Sonne und einen hinter ihm befindlichen Mond erhellt. Von seinem Nacken ging ein Strahlenkranz aus, der die zehn Richtungen des Raums erhellte. All dies mußte klar wahrgenommen werden. Darauf sprach der Eingeweihte ein Gebet an den Tao-chün, in dem das Anliegen der Rezitation genannt wurde.

Im Verlauf einer solchen vorbereitenden Meditation holt der Taoist aus sich die Embleme der Welt, die er dann nach außen projiziert, wie ein geistiges Mandala, mit anderen Worten, ein Abbild der Welt, in deren Mittelpunkt er selbst als Gottheit erscheint – als notwendige Voraussetzung für die Aufnahme des Verkehrs mit den Göttern.

In jenen Kreisen, in welchen man das *Tao-tê-ching* in der Liturgie rezitierte, ging einer solchen Rezitation eine ganz ähnliche Meditation wie die soeben beschriebene voraus. Mitunter besteht das Mandala nur aus einem einfachen Kreis, der die Leerheit des Tao versinnbildlicht und der dem Geist des philosophischen Taoismus gewiß besser entspricht. Die Adepten des Zen stellen Boddhidharma, den Begründer ihrer Sekte, mitunter folgendermaßen dar: Der Schattenriß eines Menschen in einem Kreis.

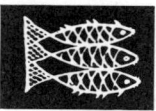

Schlußbetrachtung

Als Ganzes gesehen ist der Taoismus ein vielschichtiges Phänomen, das manchem verwirrend erscheinen mag: Findet man in ihm nicht nebeneinander tiefe Einsichten und kindische Ansichten über die Natur des Menschen, eine tiefe Mystik und die Anwendung abergläubischen Zaubers, die Forderung nach absoluter Reinheit und obszöne Bräuche? Dazu ist zu sagen, daß solche Aspekte oft nur scheinbar zueinander in Widerspruch stehen. Widersprüchlich erscheinen sie einer abendländischen (richtiger müßte man sagen: einer modernen) Denkungsart, der ganz andere Kategorien zugrunde liegen als dem taoistischen Denken. Tatsächlich erweist sich die synthetische und »organische« Betrachtungsweise der alten Chinesen als um so interessanter, je besser wir sie kennenlernen – und dies selbst noch vom Standpunkt der Geschichte der Naturwissenschaften. Denn sogar im mystischen Denken der Väter des Taoismus gab es Elemente, die möglicherweise die Entfaltung wissenschaftlicher Bestrebungen begünstigt haben. Zwar gab es zugleich Gegenkräfte; Tatsache ist aber, daß die Einstellung der Taoisten, die zur Beobachtung der Natur ermutigte, zumindest den Aufschwung nicht nur der darstellenden Künste, sondern auch zahlreicher anderer Techniken ermöglicht hat.[21]

Dennoch erscheint uns der Taoismus als ein amorphes Gebilde, weil er sich regellos, gewissermaßen anarchisch entwickelt hat. Von allem Anfang an erkennt man bei den Philosophen aus sehr unterschiedlichen Kreisen aufgenommene Einflüsse – solche von Literaten, Einsiedlern, Handwerkern, Zauberern, Priestern und Priesterinnen der Volksreligion. Und der religiöse Taoismus späterer Zeit war niemals der Autorität einer zentralen geistigen Instanz unterworfen; seine Lehren wurden niemals als Synthese organisiert oder als Dogma gefaßt. So konnten zahlreiche Sekten sich bilden, esoterische und andere, die weit offenstanden und ihr Heil allen Menschen bringen wollten. Um sich gegenüber dem Buddhismus zu behaupten, entlehnten ihm die Taoisten einen Teil seines Ideenguts und seiner Institutionen, etwa die Vorstellung von der Vergeltung der Sünden, von der Wiedergeburt und die Einrichtung der Klöster. Die vom Taoismus inspirierten taoistischen Höllen allerdings sind typisch chinesische, wie auch der noch so stark vom Buddhismus beeinflußte Taoismus stets im Grunde seines Wesens etwas Chinesisches geblieben ist.

Zweifellos ist unter dem Gesichtspunkt der geistigen Hygiene der *nei-tan* einer seiner interessantesten Aspekte. Während nach Auffassung des Konfuzianismus das menschliche Leben in seiner Gesamtheit quantitativ und qualitativ einem Schicksal (*ming* = Fügung des Himmels) unterworfen ist, behaupten die Taoisten dieser Strömung im Gegenteil: Unser Schicksal hängt von uns ab, nicht vom Himmel. Nun ist es zwar richtig, daß solche Introvertierte diese Lehre offenbar nur zur Ordnung des Haushalts der Seele anwenden wollten. Andererseits darf man nicht vergessen, daß die Steigerung der Lebens-

觀音密呪圖

始則自上而下至於臍中

唵字須要到臍

終則自下而上至於喉乃

彌字在臍之下

kraft (Tê) eine Vorbedingung wenn nicht der Aktion, so zumindest jeder Wirkung darstellt. Wir haben gesehen, daß jene Übungen einhergehen mit einer Ausscheidung all dessen aus dem Bewußtsein, was nicht reines Ich darstellt; mit anderen Worten, mit einer Ausscheidung des sozialen Ich. Übrig bleibt nur ein kosmisches Ich, ein einheitliches, umfassendes und mächtiges Bewußtsein an Stelle eines Staubs von lächerlichen Bewußtseinszuständen. Alle Verfahren des *nei-tan*, selbst die abgeschmacktesten, zielen letztendlich auf dieses Ergebnis, das nicht mehr eine Unsterblichkeit bringt, an die man nicht mehr glaubt, zumindest in den gebildeten Kreisen, aber auf jeden Fall eine verlängerte Jugend.

Wir haben zwar keine sicheren Nachrichten über die gegenwärtige Situation des Taoismus, doch ist anzunehmen, daß er in der Volksrepublik zumindest öffentlich nicht mehr praktiziert wird. Hingegen ist er noch in den Gemeinden außerhalb Chinas, vor allem auf Taiwan, äußerst lebendig. Obzwar er in engem Zusammenhang steht mit der Volksreligion, unterscheidet er sich doch von dieser. Die taoistischen Priester *(tao-shih)* zelebrieren ein kompliziertes Ritual nach einer uralten Liturgie, deren Überlieferung sie bewahrt haben. Diese Priester gehören zur Sekte der Himmlischen Meister oder Sekte *Cheng-i* (»Wahres Eine«). Sie vollziehen ihre Zeremonien bei Begräbnisfeiern und während der großen wiederkehrenden Feste, die in städtischen wie ländlichen Gemeinden ein Anlaß der Kommunion mit den Göttern sind. Doch während solche Festlichkeiten sich außen abspielen, vollzieht sich der Großteil der im eigentlichen Sinn taoistischen Zeremonie im Innern des Tempels. Dort wird eine außerordentlich lange Liturgie – sie erstreckt sich ununterbrochen über mehrere Tage und

Nächte – zelebriert, in deren Verlauf der Hauptoffiziant in Gegenwart verschiedener Vertreter der Gemeinde mit Gottheiten in Beziehung tritt, die er kraft seiner »inneren Schau« wahrnimmt.

Der 63. Himmlische Meister war nach Taiwan geflüchtet, wo er weiterhin Talismane kalligraphierte, den *tao-shih* der Insel Diplome ausstellte und Zeremonien leitete.[22] Auch hatte er zwei taoistische Vereinigungen ins Leben gerufen, die nach anfänglichem Erfolg bereits vor seinem Tod (1970) wieder zerfielen. Im übrigen war seine Autorität über die *tao-shih* von Taiwan eine mehr formelle als reelle.

Eine andere Sekte, die sich *Ch'üan-chen* (»Verwirklichung der Integrität«) nannte, war im 12. Jahrhundert in Nordchina entstanden. Eines ihrer Klöster war das berühmte Kloster der Weißen Wolken (Po-yün-kuan) in Peking. Anders als die *Cheng-i*-Sekte, deren Priester verheiratet sind, befolgen die Mönche des *Ch'üan-chen* den Zölibat. Allerdings scheint es, daß diese Sekte auf Taiwan (wo es 2800 taoistische Tempel gibt) kein Kloster besitzt.

Die Laienanhänger des Taoismus üben keinen Kult aus, wohl aber pflegen sie die tägliche Meditation und die Wohltätigkeit. Dieser meditative Taoismus ist auf Taiwan wie auf dem Kontinent in einer sehr viel besseren Position, entzieht er sich doch sowohl der Überwachung wie auch der Verfolgung durch die Regierungen. Denn wenngleich die Nationalregierung auf Taiwan den Taoismus des Himmlischen Meisters duldet, so tut sie dies ohne Begeisterung. »Beide China« haben vom kaiserlichen und konfuzianischen China das bürokratische Mißtrauen gegenüber jeder geheimen, esoterischen und Magie anwendenden Bewegung geerbt.

Endlich müssen wir feststellen, daß der Taoismus als Religion sich in einer wenig glücklichen Lage befindet. Ihr Niedergang hat eine lange Geschichte, und seit geraumer Zeit besteht sie nur noch in Gestalt eines Synkretismus fort, der jeder der »drei Religionen« (Konfuzianismus, Buddhismus und Taoismus) etwas entlehnt. Demgegenüber genießt der philosophische Taoismus weiterhin so ziemlich auf der ganzen Welt ein starkes Interesse – wie dies die Fülle der Übersetzungen des *Tao-tê-ching* und – in China und Japan – die zahlreichen Veröffentlichungen und Diskussionen, die dieses kleine Buch immer wieder anregt, bezeugen. Diese außergewöhnliche Anziehungskraft rührt sicher vor allem vom rätselhaften Charakter seiner Sprüche; andererseits hat unsere aktionsbesessene Zeit sicher auch ein starkes Verlangen danach, etwas über die Wohltaten des *wu wei* und der Ataraxie zu vernehmen. Tatsächlich ist eine bestimmte Haltung der »Nichteinmischung« keineswegs im Widerspruch zu einer im wahrsten Sinne wissenschaftlichen Gesinnung, die ja zuvorderst in der Ehrfurcht vor den Naturgesetzen besteht. Dennoch sind es für uns Menschen des 20. Jahrhunderts der geistige Gehalt des Taoismus und, so

müssen wir hinzufügen, der psychologische Wert bestimmter seiner Äußerungen (die dem Yoga eng verwandt sind), die uns als Antithese unserer Existenz bedeutsam erscheinen.

Anmerkungen

1) Jedenfalls gab es diesen Tempel noch, wiewohl in schlechtem Zustand, zu Beginn des chinesisch-japanischen Kriegs.

2) Ein Werk, das eine Gruppe von Gelehrten unter der Schirmherrschaft des Lü Pu-wei, der ein Minister des Ch'in Shih-huang-ti war, kompiliert hat.

3) Bedeutender konfuzianischer Philosoph des 3. Jahrhunderts vor Chr.

4) Granet, *Pensée chinoise*, S. 303; hiervon deutsche Ausgabe: *Das chinesische Denken*, München 1963, S. 229.

5) Sammlung philosophischer Essais, die am Hofe von Liu Pang, Prinz von Huai-nan, gestorben 122 vor Chr., niedergeschrieben worden sind.

6) Zu diesem Motiv vergleiche P. Demiéville, *Le Miroir spirituel*, *Sinologica I/2*.

7) Madame Hélyot nach Brémond, *Histoire littéraire du sentiment religieux en France* V, 321 zitiert in Louis Bordet, *Religion et Mysticisme*, S. 24.

8) Kou Pao-koh, *Deux Sophistes chinois, Houei Che et Kong-souen Long*.

9) Op. cit. S. 95

10) Bei diesem Satz folge ich einer Textkorrektur von Wen I-tuo.

11) Übersetzung Maspero in *Mélanges posthumes II, Le Taoïsme*, S. 215–216.

12) Übersetzung Demiéville in *Miroir spirituel*, S. 1119.

13) Maspero, op. cit. S. 108

14) Ko Hung (283–343) ist einer der bedeutendsten taoistischen Schriftsteller und der Verfasser des *Pao-p'u-tzu*, eines Werks, in dem viel von der Alchemie die Rede ist, und des *Shen-hsien-chuan*, einer Sammlung taoistischer Biographien.

15) Dieser Kommentar, genannt *Hsiang-erh*, war lange Zeit verschollen. Ein großes handgeschriebenes Fragment wurde vor kurzem entdeckt und veröffentlicht.

16) Übersetzung Chavannes, *Mémoires historiques*, tome III, S. 436–437.

17) *Mémoires historiques* III, S. 465.

18) Vgl. die Abhandlung über *nei-tan*, die Richard Wilhelm übersetzt hatte und zu der der Psychologe C. G. Jung ein Vorwort geschrieben hat:
Das Geheimnis der Goldenen Blüte. Dieses Werk ist mit »Mandalas« bebildert, die von europäischen Patienten unbeeinflußt vom östlichen

Denken gezeichnet worden sind. Jung glaubt darin Parallelen zwischen der fernöstlichen Philosophie und dem Unbewußten der Europäer zu entdecken.

19) Neue Deutung der Rolle des Yin und des Yang, welche nach alter und klassischer Theorie in harmonischer Weise zur Ordnung der Natur beitragen. Nachdem aber dieses Zusammenspiel den Wechsel von Leben und Tod voraussetzt, ist es logisch, daß, will man wirklich das ewige Leben erlangen, man den Sieg des Yang über das Yin herbeiführen wollen muß.

20) Vgl. die Monographie von Manfred Porkert: *Biographie d'un Taoiste Légendaire: Tcheou Tseu-yang,* Paris 1979, S. 106.

21) Vgl. hierzu Needham, *Science and Civilisation in China*, Vol. 2, S. 33 ff.

22) Man vergleiche das Ergebnis einer neueren Befragung zu diesem Problem: Holms Welch, *The Chang T'ien shih and Taoism in China*, Journal of Oriental Studies, Vol IV, 1–2, 1957–58.

Zeittafel

Legendäre Frühzeit

Fu-hsi: Das I-ching. Shen-nung, der erste Landmann und Sammler von Arzneipflanzen.
Huang-ti, der Schirmherr der Ärzte und Alchemisten.
Yao und Shun: Mustergültige Herrscher nach konfuzianischer Tradition.
Der Große Yü: Gründer der Hsia-Dynastie, Bändiger der Sintflut; der »Schritt des Yü«.

Königsdynastien
Shang oder Yin (?–11. Jh.)
Chou (11. Jh.–249 v. Chr.)

*Frühling-und Herbst-*Zeit (722–481)

Zeit der »Kämpfenden Reiche« (5. bis 3. Jh.):

Lao-tzu, Chuang-tzu, Lie-tzu (?)

Kaiserliche Dynastien
Ch'in (221–207)

Ch'in Shih-huang-ti (221–210):
Lü-shih ch'un-ch'iu (= Frühling und Herbst des Lü Pu-wei)

Han (206 vor bis 220 n. Chr.)

Wen-ti (159–157)
Wu-ti (141–87 v. Chr.): *Huai-nan-tzu, Shih-chi, Ts'an-t'ung-ch'i, T'ai-p'ing-ching;*
*Hsiang-êrh-*Kommentar.
65 n. Chr.: Erste Erwähnung des Buddhismus in China

Drei Reiche (220–280)
Chin (265–420)

Kommentar des Ho-shang-kung (?)
Kommentar des Wang Pi.

Sechs Dynastien (3. Jh.–580)

Pao-p'u-tzu.

Sui (581–617)
T'ang (618–907)
Sung (960–1279)
Yüan (= Mongolen) (1260–1367)
Ming (1368–1644)
Ch'ing (= Mandschu) (1644–1911)

Abbildungen

Autor und Verlag danken Mademoiselle Seguy, der Bibliothekarin in der Section
orientale du Département des Manuscrits de la Bibliothèque nationale in Paris für
ihre wertvolle Hilfe bei der Zusammenstellung des Bildmaterials für diesen Band.

Bibliographie

J. J. M. de Groot, *The Religious System of China,* Leiden 1892–1910.
Henri Doré, *Recherches sur les superstitions en Chine*, IIIème partie, 3e section: *Lao tseu et le Taoïsme.* Tome XVIII.
J. J. L. Duyvendak, *Le Livre de la Voie et de la Vertu,* Paris 1953.
Feng Yu-lan, *History of Chinese Philosophy*, Princeton und Leiden, 1953/54.
Marcel Granet, *Das chinesische Denken*, München 1963.
Houang Kia-tcheng und Pierre Leyris, *La Voie et sa vertu*, Paris 1949.
James Legge, *The Texts of Taoism*, London 1881.
Liou Kia-hway, *L'Œuvre complète de Tchouang-tseu*, Paris 1969.
Henri Maspero, *La Chine antique*, Paris 1955;
   Les Procédés de nourrir le principe vital dans la religion taoïste, Journal Asiatique 1937;
   Le Taoïsme, in: *Mélanges posthumes* II, Paris 1950.
Joseph Needham, *Science and Civilisation in China*, Vol. 2, Cambridge 1956.
Manfred Porkert, *Biographie d'un taoïste légendaire: Tcheou Tseu-yang*, Paris 1979.
Kristofer Schipper, *L'Empereur Wou des Han dans la légende taoïste*, Paris 1965.
Anna Seidel, *La Divinisation de Lao-tseu dans le Taoïsme des Han*, Paris 1969.
James R. Ware, *Alchemy, Medicine, Religion in the China of A. D. 320: The Nei-p'ien of Ko Hung (Pao-p'u-tzu)*, Cambridge, Mass. 1966.
Léon Wieger, *Les Pères du Système taoïste*, Hien-hien 1913.
Richard Wilhelm, *Dschuang Dsi – Das Wahre Buch vom Südlichen Blütenland,* Jena 1912 u.a. Jahre;
Laotse, Das Buch des Alten vom Sinn und Leben, v.J.
Liä Dsi, Das Wahre Buch vom quellenden Urgrund, v.J.
I Ging, Das Buch der Wandlungen, v.J.
Frühling und Herbst des Lü Bu We, v.J.
Das Geheimnis der Goldenen Blüte, Zürich 1929 u.a. J.

Anmerkung des Übersetzers:

Alle Zitate chinesischer Quellen wurden direkt aus dem Chinesischen ins Deutsche übertragen, jedoch stets unter Berücksichtigung der von Max Kaltenmark durch seine Übersetzungen gegebenen Interpretation. Wenn Max Kaltenmark – und damit auch der deutsche Übersetzer – von einer herkömmlichen Deutung der Texte ohne ausführliche Begründung abweicht, so bittet er die Fachkollegen, für die dieses kleine Werk ja eigentlich nicht gedacht ist, um Nachsicht. Der Übersetzer dankt hier auch Frau Elsa Renata von Joest für die Durchsicht des deutschen Textes.

edition suhrkamp. Neue Folge